信阳师范学院商学院学术文库

创新人才聚集效应的评价模型研究

——以西部十省份为例

肖南兵◎著

中国财经出版传媒集团
经济科学出版社
Economic Science Press

图书在版编目（CIP）数据

创新人才聚集效应的评价模型研究：以西部十省份为例／肖南兵著．--北京：经济科学出版社，2021.4
ISBN 978－7－5218－2523－7

Ⅰ.①创… Ⅱ.①肖… Ⅲ.①创造性人才－人才管理－评价模型－研究－西北地区②创造性人才－人才管理－评价模型－研究－西南地区 Ⅳ.①C964.2

中国版本图书馆 CIP 数据核字（2021）第 079146 号

责任编辑：顾瑞兰
责任校对：王京宁
责任印制：王世伟

创新人才聚集效应的评价模型研究
——以西部十省份为例
肖南兵 著
经济科学出版社出版、发行 新华书店经销
社址：北京市海淀区阜成路甲 28 号 邮编：100142
总编部电话：010-88191217 发行部电话：010-88191522
网址：www.esp.com.cn
电子邮箱：esp@esp.com.cn
天猫网店：经济科学出版社旗舰店
网址：http://jjkxcbs.tmall.com
固安华明印业有限公司印装
710×1000 16 开 11 印张 170 000 字
2021 年 5 月第 1 版 2021 年 5 月第 1 次印刷
ISBN 978－7－5218－2523－7 定价：60.00 元
（图书出现印装问题，本社负责调换。电话：010－88191510）

总　序

商学院作为我校2016年成立的院系，已经表现出了良好的发展潜力和势头，令人欣慰、令人振奋。办学定位准确，发展思路清晰，尤其在教学科研和学科建设上成效显著，此次在郑云院长的倡导下，拟特别资助出版的《信阳师范学院商学院学术文库》，值得庆贺，值得期待！

商学院始于我校1993年的经济管理学科建设。从最初的经济系到2001年的经济管理学院、2012年的经济与工商管理学院，发展为2016年组建的商学院，筚路蓝缕、栉风沐雨，凝结着教职员工的心血与汗水，昭示着商学院瑰丽的明天和灿烂的未来。商学院目前拥有河南省教育厅人文社科重点研究基地——大别山区经济社会发展研究中心、理论经济学一级学科硕士学位授权点、工商管理一级学科硕士学位授权点、理论经济学河南省重点学科、应用经济学河南省重点学科、理论经济学校级博士点培育学科、经济学河南省特色专业、会计学河南省专业综合改革试点等众多科研平台与教学质量工程，教学质量过硬，科研实力厚实，学科特色鲜明，培养出了一批适应社会发展需要的优秀人才。

美国是世界近现代商科高等教育的发祥地，宾夕法尼亚大学沃顿于1881年创建的商学院是世界上第一所商学院，我国复旦公学创立后在1917年开设了商科。改革开放后，我国大学的商学院雨后春笋般成立，取得了可喜的研究成果，但与国外相比，还存在明显不足。我校商学院无论是与国外大学相比还是与国内大学相比，都是“小学生”，还处于起步发展阶段。《信阳师范学院商学院学术文库》是起点，是开始，前方有更长的路需要我们一起走过，未来有更多的目标需要我们一道实现。希望商学院因势而谋、应势而动、顺势而为，进一步牢固树立“学术兴院、科研强院”

的奋斗目标，走内涵式发展之路，形成一系列有影响力的研究成果，在省内高校起带头示范作用；进一步推出学术精品、打造学术团队、凝练学术方向、培育学术特色、发挥学术优势，尤其是培养一批仍处于“成长期”的中青年学术骨干，持续提升学院发展后劲并更好地服务地方社会，为我校实现高质量、内涵式、跨越式发展，建设更加开放、充满活力、勇于创新的高水平师范大学的宏伟蓝图贡献力量！

“吾心信其可行，则移山填海之难，终有成功之日；吾心信其不可行，则反掌折枝之易，亦无收效之期也。”习近平总书记指出，创新之道，唯在得人。得人之要，必广其途以储之。我们希望商学院加快形成有利于人才成长的培养机制、有利于人尽其才的使用机制、有利于竞相成长各展其能的激励机制、有利于各类人才脱颖而出的竞争机制，培植好人才成长的沃土，让人才根系更加发达，一茬接一茬茁壮成长。《信阳师范学院商学院学术文库》是一个美好的开始，更多的人才加入其中，必将根深叶茂、硕果累累！

让我们共同期待！

前 言

“西部大开发”是中华人民共和国中央政府的一项政策，目的是“把东部沿海地区的剩余经济发展能力，用以提高西部地区的经济和社会发展水平、巩固国防”。2000 年 1 月，国务院成立了西部地区开发领导小组，由国务院总理朱镕基担任组长，国务院副总理温家宝担任副组长。经过全国人民代表大会审议通过之后，国务院西部开发办于2000 年 3 月正式开始运作。2006 年 12 月 8 日，国务院常务会议审议并原则通过《西部大开发“十一五”规划》，目标是努力实现西部地区经济又好又快发展，人民生活水平持续稳定提高，基础设施和生态环境建设取得新突破，重点区域和重点产业的发展达到新水平，教育、卫生等基本公共服务均等化取得新成效，为构建社会主义和谐社会迈出扎实步伐 。2012 年，坚持走中国特色自主创新道路、实施创新驱动发展战略被提上议程。2015 年 3 月，国务院发布的《关于深化体制机制改革，加快实施创新驱动发展战略的若干意见》强调，在经济发展新常态时期，为了完成“两个一百年”奋斗目标，我国必须实施创新驱动的发展战略，也必须深化体制机制改革。该意见坚持的主要原则就是人才为先，创新的第一资源就是人才。“十一五”期间，国家实施了 13 项人才开发计划和专项工程，如博士服务团计划、“西部之光”计划、海外留学人员归国创业工程、西部地区管理人才创新培训工程等。“十二五”期间，国家又开展了 5 项重点人才开发工程，包括东部城市对口支持西部地区人才培训计划，边远贫困地区、边疆民族地区和革命老区人才支持计划等。2017 年 10 月 18 日，党的十九大报告指出，为了实现区域的协调发展，必须实施区域协调发展战略，推进边疆地区、贫困地区、民族地区、革命老区的发展，特别是要推进西部大开发形成的新格局，借助优势推动中部地区的崛起。

在当前市场经济和知识经济时代，地区之间创新人才的流动、聚集等现象频发，出现这一现象的诱导因素包括资源、环境、利益等。由于诸多原因的影响，西部地区人力资本政策供给的绩效相对不明显，人才流失结构性矛盾、人才管理体制落后、人力资本存量偏少、教育非均衡性发展等问题在西部地区的人才发展中仍然较为突出，导致西部地区的人才流失现象严重。在和其他地区进行比较时发现，西部地区人才方面的缺点较为突出：产业相关人才数量不足、高技能人才和高层次人才匮乏、人才规模偏小；人才吸引和培养能力不强、投入人才开发的各项资源有限、人才流失严重；人才经济系数不高、人才使用效益低下；人才创新创业环境不佳、人才体制机制障碍重重。对于西部地区来说，能否抓住发展机遇、吸引创新人才、做好创新人才的开发和利用，在一定程度上是至关重要的。

现有关于西部地区创新人才问题的理论和实证研究中，多探讨人才流失、人才培养等方面的问题，对创新人才聚集的关注度较少。本书主要进行西部地区创新人才聚集效应的评价研究，建立适合西部实际的评价体系模型，能在一定程度上丰富创新人才聚集以及西部地区创新人才管理方面的相关研究成果。

第一，从西部地区创新人才聚集效应的研究内容出发，结合当前学者研究的理论基础、关注视角和研究结论呈现多样化的实际，归纳出人才聚集效应主要包括八大子效应：信息共享效应、知识溢出效应、创新效应、集体学习效应、激励效应、时间效应、区域效应和规模效应。结合专家访谈法，针对当前西部地区高层次创新人才聚集的实际，发现创新人才聚集效应更多地体现为五大效应：规模效应、知识共享效应、集体学习效应、创新网络效应和地区品牌效应。在综合分析影响主体因素、客体因素和环境因素的基础上，得出西部地区创新人才聚集效应的五大影响指标因素：社会生活因素、教育科技因素、经济发展因素、人才服务因素和人文文化因素。

第二，从西部地区创新人才聚集效应形成路径的研究可知，西部地区创新人才聚集效应的子系统共涉及五大部分：规模效应、知识共享效应、集体学习效应、创新网络效应和地区品牌效应。结合国内学者前期较为成熟的研究成果，进一步设计五大维度的具体测度指标，形成西部地区高层次创新人才聚集效应的初始评价指标体系。通过对初始评价指标体系的检验，分别进行个体检验和整体检验，得出西部地区创新人才聚集效应的正式评价指标体系。

第三，在指标评价过程中，主观因素不可避免，只能尽量消除。为此，在对比分析各种评价方法之后，本书选择相对偏差模糊矩阵法。主要原因是：该法不需要预处理原始数据；消除量纲的同时，能形成成本模糊矩阵；确定各个指标的权重所使用的是离散系数法，并最终得到各对象的综合评价值。运用相对偏差模糊矩阵法，构建陕西、甘肃、宁夏、青海、新疆、西藏、云南、贵州、重庆、四川共10个省份的创新人才聚集效应的相对偏差模糊矩阵评价模型，结合《中国统计年鉴》《中国科技统计年鉴》《中国劳动统计年鉴》的数据，收集西部地区创新人才聚集效应各评价指标体系的原始数据，实现对西部地区历年创新人才聚集效应的评价研究。

第四，从整体上看，西部地区的所有省份创新人才聚集效应的提升工作都取得了较为显著的进展，其中有的区域取得的进展还相当突出。在对比考量的基础上，本书分析了西部地区经济社会发展相对滞后、创新人才聚集效应成效也相对滞后的区域，以及在创新人才聚集效应提升方面存在的主要问题，并相应地提出了原则性的化解对策。

肖南兵

2021 年 1 月

目　录

第1章 导 论

1.1 研究背景与意义

1.1.1 研究背景

1.1.1.1 “一带一路”合作倡议的迫切需要

“一带一路”是“丝绸之路经济带”和“21世纪海上丝绸之路”的简称，是习近平总书记于2013年9月和10月分别提出的合作倡议。它充分依靠中国与有关国家既有的双多边机制，借助既有的、行之有效的区域合作平台，积极发展与沿线国家的经济合作伙伴关系，共同打造政治互信、经济融合、文化包容的利益共同体、命运共同体和责任共同体。

第一，“一带一路”的合作构想顺应了我国对外开放区域结构转型的需要。自改革开放以来，我国先后建立了包括深圳等5个经济特区，开放和开发了14个沿海港口城市和上海浦东新区，相继开放了13个沿边、6个沿江和18个内陆省会城市，建立了众多的特殊政策园区。显然，前期的对外开放重点在东南沿海，广东、福建、江苏、浙江、上海等省份成为“领头羊”和最先的受益者，而中西部地区扮演着“追随者”的角色，这在一定程度上造成了东、中、西部的区域失衡。“一带一路”尤其是“一带”起始于西部，也主要经过西部通向西亚和欧洲，这必将使我国对外开放的地理格局发生重大调整，由中、西部地区作为新的牵动者承担着开发与振兴占国土面积2/3广大区域的重任，与东部地区一起承担着中国走出去的重任。同时，东部地区正在通过连片式的“自由贸易区”建设进一步提升对外开放的水平，依然是我国全面对外开放的重要引擎。

第二，“一带一路”合作构想顺应了中国与其他经济合作国家结构转变的需要。在中国对外开放的早期，以欧、美、日等为代表的发达经济体有着资本、技术和管理等方面的优势，而长期处于封闭状态的中国就恰好成为它们最大的投资乐园。所以，中国早期的对外开放可以说主要针对的是发达国家和地区。如今，中国的经济面临着全面转型升级的重任，长期建设形成的一些产能需要出路。目前，世界上仍然有许多处于发展中的国家面临着当初中国同样的难题。因此，通过“一带一路”建设，帮助这些国家和地区进行如道路、桥梁、港口等基础设施建设，帮助它们发展一些产业，如纺织服装、家电、汽车制造、钢铁、电力等，提高它们经济发展的水平和生产能力，就顺应了中国产业技术升级的需要。

第三，“一带一路”合作构想顺应了国际经贸合作与经贸机制转型的需要。2001 年，中国加入了 WTO，成为世界贸易组织的成员。中国加入世贸组织对我国经济的方方面面都产生了巨大影响，并在一定程度上冲破了少数国家对中国经济的封锁。但是，近年来，国际经贸机制又在发生深刻变化并有新的动向。“一带一路”与中国自由贸易区建设是紧密联系的，目前，我国在建的自由贸易区中，大部分处于“一带一路”沿线上，因此，中国的自由贸易区建设必将随着“一带一路”的实施而得到落实和发展。

1.1.1.2　西部大开发纵深发展的要求

加快中、西部地区的发展，实施西部大开发战略，是党中央提出的推动生产力发展的重大战略决策。改革开放以来，由于受各种条件的影响，东、中、西部地区经济在共同发展过程中，中、西部地区发展相对慢一些。中、西部地区特别是西部地区的发展，关系到全国的经济发展和社会稳定，不仅具有重要的经济意义，而且具有重大的政治意义。

西部地区占中国面积的 2/3，和发达的东部沿海地区相比，西部大部分地区人口较为稀少，自然条件较为恶劣，经济较为落后。这些情况的存在，是各种社会历史原因造成的。作为一个社会主义大国，一个发展中国家，东、西部问题如果长期得不到解决，甚至出现地区发展差距日益扩大的问题，是不正常的，将影响建设中国特色社会主义事业的全局。

实施西部大开发战略，加快中、西部地区发展，对于扩大内需、推动国民经济持续增长，对于促进各地区经济协调发展、最终实现共同富裕，对于加强民族团结、维护社会稳定和巩固边防，具有十分重要的意义。实施西部大开发战略，条件已经具备，时机已经成熟。我们一定要把握“两个大局”的辩证关系，抓住机遇。有利条件是，经过多年的改革、建设，东部地区已经得到了较快发展，积累了一定的资金、人才、技术和管理经验。一方面，东部地区在继续发展壮大自己的同时，有愿望也有能力支持西部地区的发展；另一方面，西部地区的丰富资源和巨大市场潜力，也为东部地区继续发展创造了重要条件。更加重要的是，改革开放以来，我们国家综合国力显著增强，人民生活水平接近小康，有足够的经济实力加大对中、西部地区的支持力度；我们党运用经济手段适应市场规律领导经济建设的经验日益丰富，加上社会主义制度集中力量办大事的优越性，开发好西部是完全可以做到的。

改革开放40多年来，中国以开放姿态拥抱世界，确实在全球化链条中获益匪浅。不过，时移势易，在对抗加剧的大背景下。中国完全有必要也必须调整自己的战略布局和相应资源，以对冲已经到来的和未来的冲击。

以深圳、东莞为代表的外向型城市经济未来会有持续发展，也会遭遇同等压力，在整体增速放缓的大背景下，类似城市的高速增长其实已经不太可能。区域方面，以大湾区为例，正好借这个“换挡期”解决在内部积压已久的一些发展中的问题。所以，深圳都市圈、广州都市圈等话题近日颇为热闹，这一方面是区域经济发展的必要，另一方面也是经济增长到了一个“瓶颈”之后的选择。

既然外向拓展暂时缓慢，那么就可以放更多精力到内部协调发展上，深挖内需，外联其他省份的资源，进一步畅通交流的渠道，在西部打造新的产业基地，以促进不同区域间的经济内循环。在继续鼓励企业走出去的同时，鼓励产业往中、西部梯度转移，可以避免重蹈部分国家的制造业空心化覆辙，防止全产业链优势被削弱。

1.1.1.3　西部地区人才开发战略的现实需求

改革开放以来，西部地区人才队伍建设取得了一定成绩：科技教育事业长足发展，为人才队伍建设奠定了基础；人才总量逐步增加，党政机关、大专院校、科研机构和企事业单位积聚了一大批各类人才；对建立适应社会主义市场经济体制的人才机制进行了有益的探索，积累了一定的经验。特别值得指出的是，在实施国民经济和社会发展“一五”计划、“二五”计划和“三线建设”时期，为了促进西部地区特别是少数民族地区的发展和加强国防建设，党和国家向西部地区输送了一批又一批优秀的领导骨干和专业技术、经营管理人才，他们既为西部地区建设做出了巨大贡献，也培养了一大批人才。但是，从实施西部大开发的战略任务出发，要实现把西部地区建成经济繁荣、社会进步、生活安定、民族团结、山川秀美、人民富裕的新西部的宏伟目标，西部地区人才队伍建设仍面临着十分严峻的形势。一是文化和科技教育比较薄弱，人才队伍建设的基础不够雄厚。西部地区15岁及以上文盲半文盲人口占总人口的比例比全国平均高3.5个百分点。二是人才队伍总量不足，结构失衡，分布不合理，高层次优秀人才紧缺。西部地区各类专业人才仅占全国总量的20.4%，且大多分布在中心城市的高校、科研机构等事业单位，高级专业技术人才占13.6%，两院院士仅占8.3%；西部地区专业技术人员中，工程技术人员和科学研究人员仅占15.4%和8.8%，只有东部地区所占比例的一半多一点。三是自然、物质条件相对较差，人才资源配置机制尚不健全，留住和充分利用人才的政策亟待完善，人才流失严重，人才作用发挥不充分。四是领导干部队伍的年龄结构和专业构成、思想观念、开拓创新能力等，不太适应改革开放和西部大开发的要求。以上情况表明，加快西部地区的人才开发，不仅是一项紧迫的现实任务，也是一项长期的战略任务。

然而，西部地区在人才开发战略中也具备其特殊的优势。

从自然资源的角度看，西部地区幅员辽阔，资源丰富，而且储量巨大，是我国经济社会发展的自然资源战略接续地。西部地区自然山川壮美，风景独特，孕育产生了西部地区的众多民族，形成了特色鲜明的民族文化，如神秘的藏传佛教文化、丰富多彩的民族歌舞等。可以说，西部不但有壮美的自然景观，还有风格独特的人文景观。

从发展前景看，东部沿海地区经过几十年的高速发展，已经达到发达国家水平，依靠生产要素投入推动发展的老路难以为继，依靠科技创新的新路正在开拓而且难度较大。相反，西部地区落后于东部沿海地区，具有广阔的发展空间，可以避免东部地区发展过程中曾经遇到的挫折和失误，具备实现跨越式发展的现实条件，而且发展西部对于培养经济发展新引擎意义重大。

从主观意愿看，西部地区群众希望经济社会获得迅速发展，进一步改善生活的主观愿望非常迫切，推动西部发展是雪中送炭的事，必将获得广大群众的热烈欢迎和拥护。

从创业精神看，中华人民共和国成立后，党领导各族群众在开发建设西部地区的过程中，创造了令人惊叹的人间奇迹，熔铸了历久弥新的伟大精神，如修筑青藏公路、川藏铁路等，又如以“五个特别”著称于世的青藏高原精神、“两弹一星”精神等。

从国家政策看，2000 年西部大开发的大幕正式拉开，在国家的大力支持下，西部各族群众与对口支援省份共同努力，艰苦奋斗，锐意进取，一大批国家重点建设项目在西部落地生根，开花结果，为西部地区的发展注入了新的巨大活力，使西部经济社会发展驶入了快车道。经过近 20 年的大力开发，西部的基础设施、城镇化水平、劳动者素质和经济科技都有显著提高。

此外，近年来，西部不少省份结合各自实际出台了内容丰富、体系完备的人才引进政策，一大批高层次人才到西部建功立业，在促进西部地区发展的同时，极大地实现了自我价值。

丰富的自然资源、壮美的山河大地、绚丽多彩的民族文化、令人惊叹的创业史和伟大的创业精神、干部群众强烈的发展意愿、既有的巨大成果，共同汇聚成西部发展的巨大优势，也为各类人才施展才华提供了不可多得的广阔舞台。

1.1.2 研究意义

1.1.2.1 理论意义

在西部现有的创新人才问题的理论和实证研究中，较多地集中在人才引进的方式、创新人才的培育与开发、创新人才的流失和创新人才的激励与留用上，对创新人才的聚集关注比较少，而对创新人才的评价指标体系的构建和创新人才培养模式的构建则更少。因此，本书以西部十省份创新人才聚集效应的评价模型研究为题，在系统分析影响西部地区创新人才聚集的五大效应基础之上，构建影响西部地区创新人才聚集效应的主要指标体系，在一定程度上可以丰富西部地区创新人才管理，特别是西部十省份创新人才聚集方面的相关研究。

1.1.2.2 现实意义

针对西部十省份人才聚集的现状，相关产业人才数量不足、高层次和高技能人才匮乏、人才吸引和培养能力不强、人才投入开发资源有限、人才流失严重、人才经济系数不高、人才使用效益低下、人才创新创业环境不佳、人才体制机制障碍重重等，严重地制约了西部十省份创新人才的引进、培育、开发、利用和留任。本书从影响创新人才聚集的五大效应出发，结合影响创新人才聚集效应的影响因素，构建西部十省份创新人才聚集效应的评价模型，在一定程度上能够指导西部十省份创新人才聚集的实践，提升区域创新人才竞争优势，促进当地经济社会的快速发展。

1.2 研究内容、框架与方法

1.2.1 研究主要内容

全书共分 7 章，具体内容如下。

第 1 章为导论。主要阐述研究的背景和研究意义，研究内容、框架和主要研究方法，研究的创新点及技术路线图。

第2章为文献综述。本章是对西部十省份创新人才聚集效应的研究综述，主要包括研究的理论基础及相关概念。具体的研究理论包括人口迁移理论、人才流动理论、推拉理论、新古典经济学理论、人才聚集理论、人力资本理论以及系统动力学理论。之后，界定相关的概念，包括创新、人才、创新人才、人才聚集等。

第3章为西部十省份创新人才聚集效应的形成过程。本章主要从西部十省份创新人才聚集效应的研究内容出发，结合当前学者研究的理论基础、关注视角和研究结论呈现多样化的实际，归纳出人才聚集效应主要包括八大子效应：信息共享效应、知识溢出效应、创新效应、集体学习效应、激励效应、时间效应、区域效应及规模效应。结合专家访谈法，针对当前西部地区高层次创新人才聚集的实际，发现创新人才聚集效应更多地体现为五大效应：规模效应、知识共享效应、集体学习效应、创新网络效应及地区品牌效应。在综合分析影响主体因素、客体因素和环境因素的基础上，得出西部地区创新人才聚集效应的五大影响指标因素：社会生活因素、教育科技因素、经济发展因素、人才服务因素、人文文化因素。

第4章为西部十省份创新人才聚集效应评价的指标体系构建。本章主要研究西部十省份创新人才聚集效应的子系统，共涉及五大部分，分别是规模效应、知识共享效应、集体学习效应、创新网络效应及地区品牌效应。结合薛晔、穆晓霞、牛冲槐、赵欣等国内学者先期较为成熟的研究成果，进一步设计五大维度的具体测度指标，形成西部地区高层次创新人才聚集效应的初始评价指标体系。通过对初始评价指标体系的检验，分别进行个体检验和整体检验，删除7个非相关评价指标，得出西部地区创新人才聚集效应的正式评价指标体系。

第5章为西部十省份创新人才聚集效应评价模型的构建。本章运用相对偏差模糊矩阵法，构建陕西、甘肃、宁夏、青海、新疆、西藏、云南、贵州、重庆、四川共10个省份的创新人才聚集效应的相对偏差模糊矩阵评价模型，结合《中国统计年鉴》《中国科技统计年鉴》及《中国劳动统计年鉴》数据，收集2011～2015年西部地区创新人才聚集效应各评价指标体系的原始数据，实现对西部地区历年创新人才聚集效应的评价研究。

第 6 章为西部十省份创新人才聚集效应提升：问题与对策。从整体上看，西部地区的所有省份创新人才聚集效应的提升工作都取得了较为显著的进展，其中有的区域取得的进展还相当突出。在对比考量的基础上，本书分析了西部地区经济社会发展相对滞后、创新人才聚集效应成效也相对滞后的区域，以及在创新人才聚集效应提升方面存在的主要问题，并相应地提出了原则性的化解对策。

第 7 章为结论与展望。

1. 2. 2　研究方法

（1）定性研究和定量研究相结合方法。在对影响西部十省份创新人才聚集效应的定性研究中，选取主要的指标体系，精确地分析影响人才聚集效应的具体因素，并运用定量研究方法，设计出影响西部十省份人才聚集效应的指标体系。

（2）问卷调查法。遵循问卷设计的基本原则，编制《西部地区创新人才聚集效应的初始评价指标体系调查问卷》，以求实现对西部十省份创新人才聚集效应的水平评价及影响因素研究。

（3）文献分析法。主要是对创新、人才、创新人才、人才聚集、西部十省份人才管理等相关文献内容进行客观、系统、量化分析。

1. 3　研究创新与展望

1. 3. 1　创新点

当前，对西部十省份创新人才的研究主要集中在创新人才的引进、培养、留任上，对创新人才的聚集研究比较少，特别是影响创新人才聚集的评价模型几乎是空白。本书主要从影响西部十省份人才聚集的因素入手，构建影响西部十省份创新人才聚集效应的主要指标体系，进而设计出西部十省份人才聚集的具体评价模型。因此，本书的创新点主要体现为以下两点。

(1) 着眼于西部十省份创新人才引进、培养和任用的实际情况，人才吸引和培养能力不强、产业人才数量不足、高层次和高技能人才匮乏、人才投入开发资源有限、人才经济系数不高、人才使用效益低下、人才创新创业环境不佳、人才体制机制障碍等。首先，分析影响西部十省份创新人才聚集的主要因素，利用相关统计方法和论证技术，得出西部十省份创新人才聚集效应的子系统所涉及的五大部分，分别是规模效应、知识共享效应、集体学习效应、创新网络效应及地区品牌效应。其次，结合薛晔、穆晓霞、牛冲槐、赵欣等国内学者先期较为成熟的研究成果，进一步设计五大维度的具体测度指标及每个维度包含的若干子指标，形成西部十省份创新人才聚集效应的初始评价指标体系。再次，针对初始评价指标体系可能与西部地区的实际情况不一，可能会出现不符合实际、指标间重复、不具操作性等缺点，对初始评价指标体系进行完善处理，通过当面发放调查问卷的形式，进行初始评价指标体系的处理。选择陕西、甘肃、宁夏、青海、新疆、西藏、云南、贵州、四川和重庆共10个西部地区省份，其中，每个省份各选择20名被调查对象，共200名对象。这些调查对象包括50名高校学者、50名企业的工作人员、100名人才市场工作人员。在这些调查对象中，50名高校学者都是创新人才，而企业的工作人员和人才市场工作人员，虽然其本身不是创新人才，但是具体的工作都与创新人才息息相关，都需要为创新人才进行服务、满足其需求。因此，从创新人才本身及与之有紧密关系的诸多人群出发，能对此问题有较好的、全面的认识，得出的结果更有代表性。最后，对初始评价指标体系分别进行个体检验和整体检验。个体检验是指检验每个评价指标的可行性和正确性。可行性是指该评价指标的数值能否获得；正确性是指该评价指标的计算方法、计算范围及计算内容是否正确。整体检验是指检验评价指标的完整性和重要性。前者是指评价指标系统是否已经全面、毫无遗漏地反映最初描述的评价目的与任务；后者是指剔除对评价结果无关紧要的或存在内容重复的指标。在此基础上，形成西部十省份创新人才聚集效应的最终评价指标体系。

（2）分析出西部十省份创新人才聚集效应的主要影响因素指标体系以及明确各因素对创新人才聚集效应的具体影响程度之后，构建西部十省份创新人才聚集效应的具体评价模型，实现对西部地区创新人才聚集效应的评价研究。首先，针对评价过程中主观因素不可避免性，在对比分析各种评价方法之后，选择相对偏差模糊矩阵法。主要是因为该法不需要预处理原始数据，在消除量纲的同时，能形成成本模糊矩阵，用离散系数法确定出各个指标的权重，得到各对象的综合评价值。其次，收集西部十省份创新人才聚集的原始数据，原始数据来源于《中国统计年鉴（2016)》《中国科技统计年鉴（2016)》及《中国劳动统计年鉴（2016)》，得出西部十省份创新人才聚集效应的原始数据表。再次，按照相对偏差模糊矩阵法的基本步骤进行数据的运算，在确立理想方案后建立相对偏差模糊矩阵，设计出具体的指标权重，得出最终的综合评价模型。最后，进行结果的分析，通过构建西部地区创新人才聚集效应评价指标体系，运用相对模糊偏差矩阵法并收集西部地区 2015 年的相关数据，得出西部地区 2015 年创新人才聚集效应的评价结果，同时，绘制出西部地区创新人才聚集效应结果图。在相对偏差模糊矩阵法中，得分越小说明效应越强。但是，为了阅读分析方便，本书对 10 个省份创新人才聚集效应的相对偏差模糊矩阵进行逆化处理。

1.3.2 研究展望

现有关于西部地区创新人才问题的理论和实证研究中，多探讨人才流失、人才培养等方面的问题，对创新人才聚集的关注度较少。本书主要进行西部地区创新人才聚集效应的评价研究，希望能够建立一种适合西部实际的评价指标体系及评价模型，并最终提出对策建议，这样能在一定程度上指导西部地区提升创新人才聚集的实践，同时，也能够提升西部地区的竞争优势，实现经济转型的跨越式发展。

第 2 章　文献综述

2.1　人才及创新人才的相关研究

2.1.1　人才与创新人才的界定

《国家中长期人才发展规划纲要（2010—2020 年)》指出，我国经济社会发展的第一资源就是人才，人才是人力资源中能力和素质较高的劳动者，具有专门技能或是专业知识，通过创造性劳动贡献社会。根据“十二五”人才发展规划可知，我国人才包括五大类：党政人才、技能人才、专业技术人才、企业经营管理人才、农村实用人才。“十三五”人才发展规划则进一步体现出了人才优先的发展战略，认为当前应突出“高精尖缺”类人才，重点培养的是战略科学家、科技领军人才、企业家人才和高技能人才队伍。习近平总书记指出，为了适应和引领我国经济发展新常态，必须破除体制机制障碍、消除科技创新中的“孤岛现象”，择天下英才而用之；为了将具有国际视野和能力、展现行业科技前沿的领军人才集聚起来，创新人才引进政策的积极实施至关重要。同时，习近平总书记还指出，当前我国亟须的人才是一线创新人才、创新型科技人才、青年科技人才、海外优秀人才等。党的十九大报告指出，为了能实现创新型国家的建设，必须重视具有国际水平的战略科技人才、科技领军人才、青年科技人才和高水平创新团队的培养造就。

对人才的界定必须体现出与时俱进，体现出“四个尊重”的方针。王通讯提出，为推动社会进步与人类发展，人才是在某一行业或领域创造性劳动而有突出贡献的人。[①] 叶忠海提出，人才必须对认识与改造自然、社会及人类进步贡献自己的力量，其具有专业知识、拥有技术能力。[②] 林春丽提出，非常适合某一领域、某一行业或某一岗位上的人可以被划分为人才，但是他们的贡献或是成果必须较大。[③] 罗洪铁指出，人才的内在素质比较好，能借助于创造性劳动成果推动社会的进步和发展。[④] 赵永乐等认为，能力建设作为人才资源开发的主题，树立了人人都能成才的观念，强调了人才与经济社会的协调发展。[⑤] 本书结合已有的研究成果，认为无论是物质层面还是精神层面，只要在某一岗位、领域、行业对人的发展和社会进步做出积极贡献的人，都可以被认定为人才。

关于创新人才概念的界定，一致的意见尚未达成。国内相关学者，如马妍春提出，创新人才的本质体现是智慧力量、创新人才的根本保证是综合文化素质，创新人才的最高境界则是献身人类利益。[⑥] 龙跃君提出，创新意识是创新人才首先需要具备的，同时，要拥有创新思维和创新能力，而健全的人格是基础。[⑦] 徐晓玉等提出，具有强烈的创新意识且具有高度创造力的新型复合型、应用型优秀人才才能被称为创新人才。[⑧] 唐殿强等提出，与常规人才相比，创新人才具有较多突出的特点和特征，如创新能力、创新意识、创新精神，且大多能取得创新成果，而且在这一过程中，居于主导地位的就是创新人才的创新思维。[⑨] 张劲军等提出，创新人才就是指具有创新意识和创新能力的人。[⑩] 刘泽双等认为，创新人才涵盖的范

---

① 王通讯. 人才学通论［M］. 北京：中国社会科学出版社，2001.

② 叶忠海. 谈谈人才价值及实现［J］. 人才开发，1994（3）：46.

③ 林春丽. 论人才定义与人力资源开发［J］. 人才开发，2002，17（12）：13－14.

④ 罗洪铁. 再论人才定义的实质问题［J］. 中国人才，2002，16（3）：23－24.

⑤ 赵永乐，殷风春. 对人才新概念的几点认识［J］. 中国人才，2004（2）：63－64.

⑥ 马妍春. 创新人才的内涵及特征［J］. 沈阳教育学院学报，1999，1（4）：46－49.

⑦ 龙跃君. 论高等教育与创新人才的培育［J］. 湖南大学学报（社会科学版），1999，13（2）：123－126.

⑧ 徐晓玉，姚立英. 搞好高校创新人才的培养 迎接知识经济时代的到来［J］. 西南民族学院学报（哲学社会科学版），1998（S6）：105－107.

⑨ 唐殿强，孙玉萍. 企业创新型人才的培养［J］. 中国发明与专利，2009（5）：55－56.

⑩ 张劲军，申宝玉. 营造创新环境培养创新人才［J］. 煤炭经济研究，2000（9）：69－71.

围广泛，包括从企业和行政事业部成长起来的管理人才，从生产实践中成长起来的产品、技术发明人才，以及从科研单位出来的研究型创新人才。[①]王亚斌等同样认为，创新精神、创新能力、创新积累，加上理论或实践经验丰富，而且在某一方面能够打破成规、做出突破性创新，最终能够给社会带来正向价值贡献的人才就是创新人才。[②] 高林提出，创新意识灵感、创新能力、思考想象力、创新业绩是创新型人才必须具备的，只有拥有了创新意识、创新能力、创新业绩，才能被称为优秀建设人才。[③] 在理论分析的基础上，魏发辰等认为，具备一定专业素质、创新能力、创新素质的各类人才才是创新型人才。[④] 黄楠森提出，创造性解决问题的人才由于具有创新性思维而能成长为创新人才。[⑤] 刘晓燕等认为，创新人才的创新品质、创新能力、创新精神、创新意识、创新人格等方面都表现较好。[⑥] 沈德立提出，创新人才的评价应该是结果导向的，也就是说，创新人才的创新成果应该是对社会、经济和科技发展进步有益的。[⑦]

国外学者，如吉尔福德（Guilford）认为，创新人才具有鲜明的特点，如敏感性、灵活性、流畅性、独创性，只有具备这些特征的人才才是真正意义上的创新人才。[⑧] 福克斯（Fox）提出，将新观念孕育出来并付诸实施、取得新成果的人就是创新人才。[⑨] 威利（Wiley）认为，创造力形成的

---

① 刘泽双，薛惠峰．创新人才概念内涵述评［J］．人才资源开发，2005（4）：8－9.

② 王亚斌，罗瑾琏，李香梅．创新型人才特质与评价维度研究［J］．科技管理研究，2009（11）：318－320.

③ 高林．论创新型人才成长规律［J］．中国人才，1999（6）：11－12.

④ 魏发辰，颜吾佴．创新型人才的成长规律及其自我修炼［J］．北京理工大学学报（社会科学版），2007，9（5）：106－109.

⑤ 黄楠森．创新人才的培养与人学［J］．南昌高专学报，2000（1）：5－7.

⑥ 刘晓燕，蔡秀萍．专业技术人才队伍建设重在高层次创新型人［J］．中国人才，2007（1）：14－16.

⑦ 沈德立．非智力因素与人才培养［M］．北京：教育科学出版社，2001：16－30.

⑧ Guilford J P. Some misconceptions regarding measurement of creative talents［J］．Journal of Creative Behavior，2011，5（2）：77－87.

⑨ Fox M J. Exploring the nature of creativity［M］．Duuque Kendall：Hunt Publishing Company，2000.

基础是知识，但是同时，知识也会羁绊创造力，两者之间的张力应该适度。[①] 斯腾伯格（Sternberg）提出，创新人才应该具有一系列的素质，如不循规蹈矩、有质疑精神、自由的思想、不墨守成规、社会道德标准较高等。[②] 赫伯特（Herbert）提出，创新人才最主要的特征就是创造性，创新人才只有经过长期的思考和知识积淀，才能取得这一结果。[③] 韦斯伯格（Weisberg）则提出，创新品德是创新人才胜任力的根本，认为一个人才能完成创造性成果的基础就是大量的知识和经验的积累。[④] 吉尔福德（Guliford）从创新人才的人格特质出发，认为与普通人才相比，创新人才的人格特质极为突出，如求知欲旺盛、知识面广、善于观察，此外，创新人才的自觉性和独立性更强。[⑤] 卢多等（Rudowicz et al.）通过研究提出，创新人才的特质主要表现为充满活力、勇敢大胆的社交风格等。[⑥] 在仔细研究了多领域科学家之后，巴伦（Barron）发现，此类创新人才的特点极为突出，如容易接受新事物、判断独立、不拒绝混乱。[⑦] 之后，巴伦又提出，与一般的从众者相比，创新人才的创新作为更多，而且其韧力更强、情绪更稳定、能力更超越。[⑧] 鲍姆（Albaum）同样通过对比发现，与一般的非发明者相比，发明者的进取心更强且深思熟虑。[⑨] 曼斯菲尔德等（Mansfield et al.）提出，创新人才的工作目标主要是追求自主、富有创造性，而

---

① Wiley J. Explortise as mental set：the effects of domain knowledge in creative problem solving [J]. Memory and Cognition，1998，26（4）：716－730.

② Sternberg R J. Implicit theories of intelligence，creativity and wisdom [J]. Journal of Personality and Social Psychology，1985，49（3）：607－627.

③ Herbert A S. Creativity in the arts and the science [J]. The Kenyon Review，2001，23（2）：203－220.

④ Weisberg R W. Creativity and knowledge：a challenge to theories [M]. //Sternberg R J. Handbook of creativity. New York：Cambridge University，1999.

⑤ Guliford J P. Creativity [J]. American Psychologist，1950，26（5）：444－454.

⑥ Rudowicz E，Hui A. The creative personality：Hong Kong Perspective [J]. Journal of Social Behavior and Personality，1997，12（1）：139－157.

⑦ Barron F. The Psychology of imagination [J]. Scientific American，1958，199（3）：150－170.

⑧ Barron F. Creative persons and creative process [M]. New York：Holt，Rinehart and Winston，Inc.，1969.

⑨ Albaum F. Selecting specialized creators：the independent inventor [J]. Psychological Report，1976（39）：175－179.

且他们更容易接受各种可能性。[①] 基于集体人格层面，有学者认为，由于创新人才的观点更为开放、更容易接纳多样性的思想和自由，所以能帮助他人产生新思想。[②] 巴里克等（Barrick et al.）通过研究发现，虽然对于任务的完成、团队一致意见的达成来说，宜人性人格很重要，但是创新人才个人创新能力与其的影响尚未清晰，需要进一步研究。[③] 同时，阿斯基－利文撒尔（Haski-Leventhal）的研究表明，对于创造性思维和创新行为来说，过高的宜人性人格倾向并不会对其起到强化作用。[④] 对于创新人才的成长来说，过高的宜人性人格倾向也是不利的。

2.1.2 人才与创新人才的特征

本书主要从人才的投入和产出方面着手，归纳出人才的以下几方面特征。

2.1.2.1 投资成本高

对于一般性人才的培养，只要按照一定的标准培养成特殊的知识拥有者或专业技能的操作者即可。而高层次人才的培养，更注重综合知识的把握和空间思维的把控，不仅要求高层次人才熟练掌握一般性理论知识，更重要的是，时刻站在本学科、本领域的时代最前沿。这种高标准、严要求必然要求高层次人才具有比一般性人才掌握更多的知识与技能、学识与眼界。而较高的技能和本领的获得必须经过严格的训练和学习，经过汲取本学科的前沿知识和本行业专家、学者的技能，转化为自身的能力，从而体现出高层次人才的独特性。而这一切必须借助高资金的投入，没有高资金

① Mansfield R S，Busse T V. The psychology of creativity and discovery ［M］. Chicago：Nelson-Hall，1981.

② Susan E，Elko J K. Divergent thinking and market visioning competence：an early front-end radical innovation success typology ［J］. Industrial Marketing Management，2014，43（8）：1351－1361.

③ Barrick M R，Mount M K，Judge T A. Personality and performance at the beginning of the new millennium：what do we know and where do we go next？［J］. International Journal of Selection and Assessment，2001，9（1/2）：9－30.

④ Haski-Leventhal D. Altruism and volunteerism：the perceptions of altruism in four disciplines and their impact on the study of volunteerism ［J］. Journal for the Theory of Social Behavior，2009，39（3）：271－299.

的投入，就没有高效益的产出。

2.1.2.2 教育周期长

高层次人才是由低层次人才转化而来的，除了完成一般性人才所受的基础教育和高等教育外，大多数高层次人才都接受系统的硕士、博士等研究生教育或其他领域的专业教育，才能具备高层次人才所需的素质和条件。例如，高层次人才博士生的培养，本科 4 年，硕士 3 年，博士 4 年，最快也是 11 年的培养周期。从知识积累的角度看，高层次人才的培养是一种知识的不断接受、更新、优化和转化的过程，是一个不断从量变到质变再到新的量变引起新质变的周而复始的过程，这个过程有始无终，循序渐进，这一特点就决定了高层次人才培养周期的长期性。

2.1.2.3 成长条件严

与一般人才的成长条件不同，高层次人才的成长在很大程度上取决于个人的天赋与资质。天赋是人才脱颖而出和走向成功的自然前提和基础，对于一个毫无天赋的人来说，即使对其进行系统的教育和专业的培养，也无法使其成为一位真正的高层次人才。而且在高层次人才成长的过程中，家庭的启蒙教育环境、学校的系统教育、社会的专业教育三者缺一不可。首先是家庭和谐氛围的熏陶，父母潜移默化的影响，有利于激发人的潜质与天分，培养好奇心和求知欲；其次，学校的系统教育是根据人的成长阶段和心智的成熟度因材施教，有利于培养人的分析问题和解决问题的能力；最后，社会的专业化教育则是根据人的特长进行专业化的强化，有利于人的全面发展和系统思考。每一个成长阶段都需要大量人力、财力和物力的配套支持，成长条件严格而精确。

2.1.2.4 产出效益高

高层次人才是一种具有高附加值的能动性资本，这种形态的资本能产生比自身价值更高的价值，一旦投入经济活动，所产生的效益将远远大于其他形态资本效益的总和。高层次人才产出常常不受时间、地理位置的限制，他们的产出有可能在多领域产生较大的影响。

2.1.3　创新人才的效率测评与培育途径

在创新人才的效率测评与培育途径方面，国内学者如刘丹认为，当前的企业创新人才测评体系存在诸多问题，突出表现为测评指标比较粗糙、专业测评人员匮乏、测评工具不够专业。为此，必须在测评指标体系、测评实施程序、测评方法等方面进行完善和优化。① 杜红梅等综合评价 2013 年湖南制造业 31 个部门创新人才的投入产出效率，结果表明，由于 R&D 人员投入冗余、创新人才产出不足，导致湖南制造业整体创新人才投入产出效率低。为此，对于政府来说，需要建立健全培养企业家创新精神的发展机制，与此同时，企业要完善创新激励机制。② 曲婷研究的是国际化创新人才，其开发的国际化创新人才发展的评价指标体系涵盖三个维度，即人才效能国际化、人才环境国际化、人才素质国家化。将此评价指标体系应用于湖南省研究发现，在全国，湖南国际化创新人才发展水平为中等，与全国发达省份相比，人才素质国际化和人才效能国际化较为落后，但是人才环境国际化水平表现较好。为此，为了提升湖南国际化创新人才发展水平，需要完善人事制度、收入分配和激励制度等，尝试各种吸引人才的模式、经验和方法。③

国外学者，如瑞姆（Rimm）为了考查学生人格特质是否有创造性倾向而编写了《发现才能团体问卷》。④ 格里利兹（Griliches）提出，作为生产过程的创新过程，投入指标和产出指标都应该包含在创新人才创新效率的评价指标中。⑤

---

① 刘丹．构建企业创新人才测评体系的策略研究［J］．山东社会科学，2016（6）：167－168.

② 杜红梅，王明春．基于投入产出分析的湖南制造业创新人才效率研究［J］．湖南人文科技学院学报，2015（3）：78－82.

③ 曲婷．“走出去”背景下我国国际化创新人才发展评价及对策研究：以湖南为例［J］．科学管理研究，2015，33（2）：85－88.

④ Rimm S. Peer pressures and social acceptance of gifted students［M］．//Neiharts M，Reis S. Social and emotional development of gifted children：What do we know？Waco：Prufrock Press，2002.

⑤ Griliches Z. Patents statistis as economic indicators：a survey［J］．Journal of Economic Literature，1990，28（4）：1661－1707.

在创新人才的培育方面，国内学者在提出创新人才培养对策时，一方面，强调分析国外的经验和优势。例如，李又兵等对比分析了发达国家创新人才培养的先进做法：美国的创新人才培养制度独具特色；英国讲求团队协作的学习方式；日本则是优化设置理论课程。① 钞秋玲等同样是进行国内外的对比分析，其提出，在人才培养方面，英国是传统与创新的结合，体现出了科学性、系统性、完整性等特点，英国的精英人才培养成效较大。为此，在创新人才培养方面，我国需要充分借鉴其理念，如将儿童的创新潜能进行挖掘和发挥，人才培养的衔接性和系统性不能忽视，要提升人才培养的差异性和实践教学。此外，创新人才的成长还需要多层次的国际化环境。② 张典兵提出，西方高校创新教育的实施和开展是政府工作的重中之重，培养大学生的创新能力和企业家精神是主要的目标，为此，发达国家的创新人才培养模式较具特殊。我国创新人才的培养效果要想进行提升，个性化创新人才培养理念的树立必不可少。③

国外学者，如吉尔福德（Guilford）指出，创新人才的创造力也需要培养和锻炼，绝非是与生俱来的。对于创新人才的培育目标是可以达到的，且发展空间较大。④ 卡梅利等（Carmeli et al.）认为，团队合作，可以有效地激发创新人才的创新潜能，而且，双方会进行相互反馈，成员通过知识共享获得的信息和经验会呈指数增长。⑤ 通过实证研究发现，创新人才在多元化团队中工作，其获得的创新能力比单一团队要更好。

另一方面，诸多学者立足于高校，结合高校管理相关研究或是从人才战略的角度来提出创新人才的培育对策。例如，邱观建等认为，要把高等

① 李又兵，孙文瑾，杨朝龙等．浅谈高校创新人才培养模式改革［J］．教育教学论坛，2015（21）：202－203.

② 钞秋玲，王梦晨．英国创新人才培养体系探究及启示［J］．西安交通大学学报（社会科学报），2015，35（2）：119－123.

③ 张典兵．国外高校创新人才培养模式的特色与借鉴［J］．教育与教学研究，2015，29（8）：1－7.

④ Guilford J P. Cognitive styles：what are they?［J］．Educational and Psychological Measurement，1980，40（3）：715－735.

⑤ Carmeli A，Pauluse P B. CEO identional facilitation leadership and team creativity：the mediating role of knowledge sharing［J］．The Journal of Creative Behavior，2014，49（1）：53－75.

学校建设成为人才培养、知识创新的基地，就必须面向知识经济时代确立创新教育观念，为此，高等教育必须突破原有教育理论框架，形成适合培养创新人才的高等教育办学体制和组织保障，并推行全面素质教育目标，适应社会发展需要；实行弹性学制，培养富于个性的创新人才；集成智力资源，形成群体优势，实现教育产业化，全面提高高等学校培养创新人才的效率和效益。① 基于因子分析法，包赫囡等提出，专业教育、能力教育及基础教育是大学本科创新人才培养的主要影响因素，并在此基础上，提出注重市场导向的课程设置、完善质量标准、注重基础教育、重视创新技能培养等加强大学本科创新人才培养的建议。② 在创新人才的诸多要素中，何孟杰认为，创新人才思考问题、解决问题的方法和能力的直接体现是思维方式，而思维方式也是影响创新人才最为重要的方面，这主要是因为，中国古代科学技术的辉煌和近现代创新人才培养的落后都是由传统思维方式造就的。为此，需要以教育和训练培养逻辑思维素养、以人才选拔提供导向。③ 陈立认为，造就、吸纳、充分发挥创新人才作用的客观条件就是人才发展环境。因而，对于中原经济区来说，应该完善创新人才工作体制，增强政府公共服务供给能力（推进政策目标与政策工具选择间的科学性、加快提升政府公共服务能力、突出优势营造保障环境等）。④ 蔡德红研究发现，目前，我国高校创新人才培养存在的问题是意识层面、管理层面、办学层面所造成的。为此，在意识方面，应改变观念，正确理解创新人才所包含的内容；在管理方面，应注重个性化建设，建立以人为本的管理制度；在办学方面，应注重文化建设，优化师资队伍，将理论与实践结

① 邱观建，童列春．知识经济与创新人才培养［J］．武汉交通科技大学学报（社会科学版），1999，12（3）：45－48.

② 包赫囡，周北，吕德宏．基于因子分析的大学本科创新人才培养影响因素探究［J］．黑龙江教育（高教研究与评估），2016（3）：80－82.

③ 何孟杰．我国创新人才培养与思维方式转型进路：从李约瑟难题到钱学森之问［J］．龙岩学院学报，2016，34（3）：121－126.

④ 陈立．中原经济区创新人才发展环境优化对策研究［J］．人才资源开发，2015（6）：14－16.

合起来。[①] 詹小颖等认为，新常态对我国经济和高校人才培养的要求发生了很大改变。新常态下，应该探索适应应用型创新人才的培养体系，主要体现在“一个核心 + 两个体系”教学框架方面。[②] 李丽等提出，地方性高校培养创新人才的重要途径就是寻求与区域行业协同合作，为了提升高校与区域行业协同合作培养人才的成效，可以建立校企协同教学指导委员会、优化人才培养方案、制定校企协同人才培养的制度并建立双师型教学队伍。[③] 王晓晖等认为，当前，我国创新型人才培养方面突出的问题是“高等教育的西方化”与高等教育的“国际化”等同、师资国际交流与合作深度不够等。[④] 基于中美比较的视角，李煜凯分析我国创新人才培养方面的现状，包括课程设置不合理、教学方法陈旧、教学实践不完善。为此，我国需要深入学习美国创新人才培养的成功经验，如实现课程设置的多元化、教学方法的多样化、校企合作的密切化，而且我国创新人才培养的新思路应该是因材施教、学思结合、知行合一。[⑤] 王子入认为，办学定位模糊、大学制度缺失、教学管理制度陈旧、产学研合作粗浅等都是当前我国应用型创新人才培养过程中存在的问题。为此，应用型人才培养的外部环境和内在机制都需要做出一定的改变，包括完善现代教学管理机制、产学研合作教育机制、创新人才培养机制、创新教师培训机制等。[⑥] 还有学者如赵永乐等认为，人才队伍发展、人才投入、人才效益、人才环境从广义上构成了一个区域的人才系统；而人才队伍发展、人才投入、人才效

---

① 蔡德红．高校创新人才培养模式初探［J］．鞍山师范学院学报，2015，17（3）：100－102．

② 詹小颖，姚高华，卢振坤．新常态下应用型创新人才培养路径探索［J］．高教学刊，2016（2）：8－10．

③ 李丽，蔡阳生，张承云．行业协同培养创新人才的研究与探索［J］．教育教学论坛，2016（41）：173－174．

④ 王晓晖，林澎，丰大双．国际化视野下高校创新人才培养模式的实践与探索［J］．产业与科技论坛，2016，15（10）：143－144．

⑤ 李煜凯．高等教育创新人才培养的新思路：基于中美比较的视角［J］．中国高等教育评估，2016（3）：7－10．

⑥ 王子入．应用型创新人才培养的机制研究［J］．现代教育管理，2016（8）：99－103．

益从狭义上构成了一个区域的人才系统。[①] 同时，赵永乐以福建省为例，认为其需要战略性调整人才结构，这样才能实现超常规的跨越式发展。[②] 而且，美国极为重视教育，实施人才强国战略，其高学历人才的规模和素质都极大地领先其他国家，这主要是美国对人力资本的投资极大，而且更重视在世界范围内吸引顶尖人才，其人才价值实现机制模式较为成熟且具有美国特色。[③] 为此，对于我国来说，适合特区发展的人才发展战略极为必要，只有依托布局合理、规模适度、结构优化、素质优良的人才队伍，特区的人才竞争优势才能得以实现。[④] 例如，南京有四种具有很强自主活力和很大发展潜力的非政府办园区和孵化器模式：一是高校建立的人才创业园区；二是产业公司创办的产业人才创业园区；三是科学家联合创办的专业人才创业园区；四是投资公司创建的科技服务型人才创业园区。[⑤] 钱国英等提出，改革传统教学的组织形式是创新人才能力培养的内在要求。[⑥] 罗婷等借鉴国内外著名大学和女子院校的成功办学经验，立足我国女性创新人才培养的现实需要，构建我国女性创新人才培养的大学文化。[⑦]

2.2 创新人才聚集影响因素的相关研究

关于人才聚集系统层面的影响因素，研究学者较多。国外相关学者，

① 赵永乐，张书凤．以台湾人才水平为借鉴的福建人才发展研究［J］．第一资源，2011（3）：122－132.

② 赵永乐．坚持人才优先发展 强力推动科学发展［J］．第一资源，2012（2）：111－115.

③ 赵永乐．美国的人才强国之路与中国的人才强国战略［J］．第一资源，2009（7）：170－182.

④ 赵永乐．服务发展的新要求——从人才特区看人才引领发展［J］．第一资源，2010（12）：36－41.

⑤ 赵永乐．激发市场主体活力 创新人才体制机制［J］．第一资源，2012（12）：176－177.

⑥ 钱国英，白非，徐立清．注重创新型人才的能力培养 探索合作性学习的教学方式［J］．中国大学教学，2007（8）：20－22.

⑦ 罗婷，宋兴明．女性创新人才培养的文化路径探讨［J］．国家教育行政学院学报，2012（5）：18－21.

如莱恩等（Laing et al.）提出，人才聚集的向心力包括知识溢出效应、工资水平等。① 奥尔加（Olga）在提出了“中心—外围”平衡模型之后，认为地方政府对于区域人才集聚的推进作用极为巨大。② 图尔班等（Turban et al.）提出，组织对人才具有吸引力是组织能够实现人才聚集的前提和基础，涵盖了组织的学习培训制度、组织特性、职业发展、报酬制度、工作特性等。③ 布朗等（Brown et al.）认为，硅谷能聚集大量人才的原因主要在于面对面交流频繁、富有活力的知识生态。④ 泰勒等（Taylor et al.）提出，企业获取人才的重要影响因素是消费者观念、企业家能力和观念、市场机会、供应者和潜在竞争优势等。⑤ 巴利沃斯等（Palivos et al.）认为，人才进入企业的重要影响因素是政府政策、区域公共资源供应和薪酬水平。⑥

国内学者，如王建强等提出，硬环境和软环境会影响人才聚集，其中，前者涵盖经济、交通、住房、绿化、旅游、文化、风尚等生活环境，后者涉及政策支持环境、社会人文环境、领导管理环境等。⑦ 唐朝永等提出，人才聚集的影响因素包括教育支持系统、经济支持系统、文化支持系统、制度支持系统、科技支持系统。⑧ 刘丽等同样认为，生活环境、人文环境、工作环境、政策环境、经济环境会影响人才聚集。⑨ 沈荣华则认为，人才聚集的影响因素应该是教育环境、法制政策环境、社会环境、经济环

---

① Laing D, Palivos T P. Learning, matching and growth [J]. Review of Economic Studies, 1995 (62): 115-129.

② Olga A V. Urban agglomeration: knowledge apillovers and product diversity [J]. The Annals of Regional Science, 2002, 36 (4): 551-573.

③ Turban D B, Keon T L. Organizational attractiveness: an integarationist perspective [J]. Journal of Applied Psychology, 1993, 78 (2): 184-193.

④ Brown J S, Paul D. Mysteries of the region: knowledge dynamics in Silicon Valley from the Silicon Valley edge [M]. California: Stanford University Press, 2000.

⑤ Taylor L, Taylor R. Aggregation, migration and population mechanics [J]. Nature, 1977, 265 (5): 415-421.

⑥ Palivos T, Wang P. Spatial agglomeration and endogemous growth [J]. Regional Science and Urban Economics, 1996, 26 (6): 645-669.

⑦ 王建强．区域人才竞争力评价指标体系设计［J］．中国人才，2005（15）：26-27.

⑧ 唐朝永，师永志．科技型人才聚集效应的支持系统研究［J］．太原科技，2010（3）：37-39.

⑨ 刘丽，杨河清．首都地区人才发展环境研究［J］．中国人力资源开发，2006（12）：17-20.

境、服务环境、文化环境六个方面。[①] 牛冲槐等发现，影响人才流动和使用的各种市场因素就是人才市场环境，具体包括人才市场体系、人才市场开发、人才市场秩序。[②] 牛冲槐等提出，对于科技型人才聚集效应来说，其主要的环境应该涵盖市场环境、社会环境、制度环境、经济环境、科技环境、文化环境等。[③] 在分析经济环境构成要素基础上，学者们具体探讨了经济环境对科技型人才聚集效应的影响，主要分为经济体制、产业集聚、经济发展水平、风险投资四个方面。牛冲槐等认为，科技型人才聚集效应产生与提升的重要影响因素就是社会环境、社会阶层与社会流动、教育政策与社会保障等。[④] 唐朝永等认为，制度因素、文化因素、组织结构、信息沟通渠道、资源配置因素、领导风格都是影响科技型人才聚集系统的因素。[⑤] 张永红基于维度层次结构的视角，分别探讨交易型领导行为、变革型领导行为和家长式领导行为对科技型人才聚集效应的作用机理，其中，变革型领导对科技型人才聚集效应的积极影响更强。[⑥] 从不同主体入手分析，李鑫认为，创新型人才培养需要几大主体的支持，如高校提供基础教育、企业提供实体条件、政府提供政策支持、社会提供和谐氛围。[⑦] 基于文献检索和历史资料，孙其军等实证研究北京 CBD 人才聚集的影响因素和人才环境，认为北京国际化区位、便捷的基础设施、丰富的金融资源、传媒资源、日益发展的产业需求、深层次的文化氛围、消费时尚、政

---

① 沈荣华. 人才强国：国家发展战略的深化 [J]. 中国人才，2007 (9)：1.

② 牛冲槐，张永胜. 科技型人才聚集环境及聚集效应分析：市场环境对科技型人才聚集效应的影响分析 [J]. 太原理工大学学报（社会科学版），2009，27 (1)：10 – 12.

③ 牛冲槐，樊燕萍，张敏. 人才聚集效应系统研究 [J]. 系统科学学报，2006 (4)：99 – 103.

④ 牛冲槐，曹阳，郭丽芳. 科技型人才聚集环境及聚集效应分析：社会环境对科技型人才聚集效应的影响分析 [J]. 太原理工大学学报（社会科学版），2008，26 (1)：22 – 26.

⑤ 唐朝永，牛冲槐. 科技型人才聚集系统组织化与劣质化机理研究 [J]. 科技进步与对策，2016，33 (3)：146 – 150.

⑥ 张永红，牛冲槐. 领导行为对科技型人才聚集效应的影响 [J]. 科学管理研究研究，2012 (3)：101 – 104.

⑦ 李鑫. 城市建设中的创新型人才聚集的作用及参与要素分析 [J]. 品牌，2015 (4)：162.

府管理水平和方式是CBD人才聚集的主要影响因素。[①] 张杰等提出，当前CBD区域专业人才呈现出季度匮乏的紧迫现实，通过对北京CBD人才发展的实证研究，发现CBD区域人才聚集的影响因素包括产业环境因素、社会环境因素和人才环境因素三个方面。[②] 孙蕊等以京津冀一体化为研究对象，分析产业转移和人才聚集系统动态演进机制，主要立足于企业层面、产业层面和区域层面，认为影响人才聚集系统演进的因素从企业层面上讲是薪酬、个人归属感、成就感、工作环境、福利待遇、职业规划；产业类型、产业集群的发展水平、产业集群的规模和发展速度是产业层面的因素；经济环境、医疗环境、教育环境、生活环境、科技支撑环境是区域层面的因素。[③] 许爱萍提出，区域科技创新人才聚集的影响因素主要是市场主导（经济发展水平、发展前景）、区位优势（地理位置、自然资源、环境资源、社会发展优势）、完善的制度体系（保障机制、人才管理相关制度、人才平台）、优越的创新环境氛围、区域良好的教育培训基础。[④] 王全纲等通过研究提出，高端人才流动与聚集的原始动因就是人才政策，经济格局的变迁推动着高端人才流动与聚集、社会综合环境最终决定高端人才流动与聚集的状况、高端人才流动与聚集的内涵性因素就是科技创新环境。[⑤] 王崇锋以山东省蓝色经济区为研究对象，发现科技型人才自身的素质条件、聚集区域科技资源的投入水平、经济发展和生活环境状况会影响山东省蓝色经济区科技型人才聚集效应。[⑥] 朱杏珍重点研究人才聚集过程中的羊群心理，结果表明，信息收集过程和投资行为过程是羊群行为发生的两

---

① 孙其军，王詠．北京CBD人才聚集的影响因素及对策研究［J］．人口与经济，2008（5）：25－31.

② 张杰，蒋三庚．中央商务区（CBD）人才聚集因素分析：产业发展与对策建议［J］．首都经济贸易大学学报，2009（2）：80－85.

③ 孙蕊，温孝卿．京津冀一体化背景下产业转移和人才聚集系统动态演进机制［J］．社会科学家，2015（8）：64－68.

④ 许爱萍．区域科技创新人才聚集驱动要素分析［J］．科技与经济，2014，27（6）：81－85.

⑤ 王全纲，赵永乐．全球高端人才流动和集聚的影响因素研究［J］．山西农业大学学报（社会科学版），2010，9（2）：189－194.

⑥ 王崇锋．山东半岛蓝色经济区科技人才聚集效应实证研究［J］．科技管理研究，2014（12）：100－105.

个重点阶段，因为前一个阶段是所有投资者的信息获取能力不同，而后一个阶段是不确定性高阶。① 基于政府在科技型人才聚集中的作用，牛冲槐等提出，在科技型人才聚集中，政府起到了四个方面的作用：科技型人才的流向、流速由政策引导调控；基于制度供给和基础建设，完善人才聚集制度环境和科技型人才供给基础；基础设施建设极为重要；适度干预人才聚集过程，将科技型人才市场化配置效率提高。② 潘康宇等提出，区域人才聚集现象发生的根本原因就是经济发展。区域经济发展中期，人才聚集围绕产业结构进行，以市场为主导的人才聚集方式逐步建立。③ 从生态学视角，陈晓瑜等利用熵权可拓模型研究山西省人才聚集预警，结果表明，山西省人才聚集预警度出现好转的促进因素是社会生态因子、经济生态因子、制度生态因子，而人才聚集平衡性发展的阻碍因素则是文化生态因子和教育生态因子。④ 以中部六省和江苏、浙江及上海三地为例，蒋晓光等利用面板数据构建固定效应模型，分析九省份人才聚集与经济发展水平的相关性，结果表明，经济发展水平显著促进人才聚集。⑤ 牛冲槐等具体分析了区域文化和科技型人才聚集效应的关系，提出一定地域空间的文化就是区域文化，在一定区域文化下，区域企业可以影响科技型人才的聚集效应。⑥ 郭丽芳等从知识管理理论出发，认为知识背景冲突（包括理论知识背景冲突、实践经验背景冲突和文化背景冲突）会对科技型人才的聚集产生消极影响。⑦ 唐朝永提出，人才聚集效应的重要影响因素还有信任和知

---

① 朱杏珍．人才集聚过程中的羊群行为分析［J］．数量经济技术经济研究，2002（7）：53－56.

② 牛冲槐，贺召贤，张永红．政府在科技型人才聚集中的作用研究［J］．技术经济与管理研究，2010（6）：94－97.

③ 潘康宇，赵颖，李丽君．人才聚集与区域经济发展相关性研究——以天津滨海新区为例［J］．技术经济与管理研究，2012（10）：104－107.

④ 陈晓瑜，牛冲槐．生态学视角下基于熵权可拓模型的山西省人才聚集预警研究［J］．科技管理研究，2016（6）：93－97.

⑤ 蒋晓光，李理．经济发展水平对人才聚集的影响分析：以中部和江浙沪地区为例［J］．当代经济，2014（23）：103－105.

⑥ 牛冲槐，王燕妮，赵彩艳等．区域文化对科技型人才聚集效应的影响分析［J］．生产力研究，2009（21）：185－187.

⑦ 郭丽芳，牛冲槐，李若瑶．科技型人才聚集中知识背景冲突的消减及聚集效应研究［J］．生产力研究，2011（2）：47－49.

识转移，企业间知识转移、人才聚集效应的产生受契约信任和友好信任影响较大，而两者对知识转移及人才聚集的积极影响受能力信任影响较大。① 王聪等分析了社会资本（认知维度、关系维度、结构维度）对人才聚集的影响。② 基于知识理论，牛冲槐等发现，人才聚集效应受异质性知识背景影响较大。③ 此外，在牛冲槐等看来，科技型人才聚集效应支持能力评价指标体系包括政策引导力、经济状况、文化因素、区域科技环境、人才的知识创造水平五个方面的内容。④ 张敏等通过对人才聚集效应影响要素的聚类分析，发现人才规模、人才配置、激励因素是人才聚集效应的三大关键成功要素，当人才规模达到并超过一定规模，三大关键成功要素会相互作用、不断优化，从而使人才聚集效应总体呈现出一定的波浪上升过程。⑤

2.3 创新人才聚集与产业聚集、知识溢出和经济发展

一个地区的竞争力主要体现在产业聚集和人才聚集两个方面，而且这两者之间具有较为复杂的互动关系。主要原因在于，人才聚集就意味着人力资本、知识存量较多，知识更新速度较快，这样能吸引更多的物质要素向其运动，聚集区的企业得以不断扩大，并不断吸引聚集区外的企业，实现产业聚集。在人才聚集与产业聚集关系方面，汪华林提出，产业集群发展的基础保障就是人才聚集，主要是因为人才聚集支持了产业聚集的需要，而且也能促进集群专业化生产、增强集群竞争力、实现集群区域社会

① 唐朝永. 信任和知识转移与人才聚集效应的关系［J］. 中国市场，2011（48）：18－19.

② 王聪，牛冲槐，杨彦超. 社会资本对人才聚集的影响分析［J］. 科技管理研究，2012（22）：145－148.

③ 牛冲槐，曹锐，樊燕萍. 异质性知识背景下的人才聚集效应研究［J］. 山西农业大学学报（社会科学版），2010，9（2）：189－194.

④ 牛冲槐，张蔷薇. 区域科技型人才聚集效应支持能力评价［J］. 统计与决策，2007（23）：78－80.

⑤ 张敏，陈万明，刘晓杨. 人才聚集效应关键成功要素及影响机理分析［J］. 科技管理研究，2009（8）：494－497.

化协作和集群技术创新。[①] 李乃文等认为，区域经济的发展需要产业集群的发展。借助于完善的基础设施、较高的薪酬、良好的生活条件，能够形成强大的人才流入拉力，从而实现人才集群。[②] 同样地，张樨樨认为，人才聚集与产业聚集两者之间联系紧密，一旦特定区域有了产业聚集，则马上会吸引人才的聚集，为此，对我国高技术产业聚集发展来说，首先提升人才的聚集水平大为必要。[③] 而且，多个主体共同作用才最终形成了产业集群的人才集群，其涵盖微观、中观、宏观三个层次。具体来看，微观层次特指企业，中观层次特指产业，宏观层次特指市场和政府，在三个层次主体的共同作用下，产业集群和人才集群互动才得以形成。

牛冲槐等提出，在聚集时，科技型人才的作用主要是知识溢出主体和知识接收主体，而且宽泛性、随时性、集中性、动态性等是溢出内容的明显特征。[④] 与之相似，杨玲提出，人才聚集的重要效应特征之一就是知识溢出，在同一区域聚集大量具有不同知识存量的人才时，知识溢出效应应运而生。[⑤] 吴鹏跃等认为，产业聚集会产生科技人才聚集，由此，知识溢出效应出现。[⑥] 为此，基于层次分析法的分析发现，宁波市政府及科研单位的知识溢出效应较好，企业单位的知识溢出效应不良，而科技人才知识溢出的主要影响因素是运行效率、知识成果产出、资源共享、内部人际交往等。在牛冲槐等看来，科技型人才聚集的两大特征效应就是知识溢出、信息共享，而且，信息共享效应、知识势差和知识溢出效应三者的势能与流向关系较为突出。

---

① 汪华林．人才聚集：发展产业集群的基础保障［J］．经济问题探索，2004（12）：104－106.

② 李乃文，李方正．产业集群与人才集群的互动关系初探：基于系统动力学的思想框架［J］．产经评论，2011（5）：14－22.

③ 张樨樨．我国高技术产业集聚与高技术人才集聚互动关系的建模研究［J］．科技进步与对策，2010，27（11）：72－75.

④ 牛冲槐，王聪，郭丽芳等．科技型人才聚集下的知识溢出效应研究［J］．管理学报，2010，7（1）：24－27.

⑤ 杨玲．区域人才聚集下的知识溢出效应研究［D］．太原：太原理工大学，2010.

⑥ 吴鹏越，秦政．产业集聚区域内科技人才知识溢出效应的实证分析［J］．价值工程，2015，34（9）：5－7.

关于人才聚集对经济发展的作用，较多学者都进行了探讨。他们认为，对于地区专业分工和国际贸易提升而言，人才聚集的促进作用巨大，而且还在一定程度上提升企业的创新效率、促进区域经济发展。戈茨等（Goetz et al.）指出，人力资本聚集对经济增长的贡献是巨大的，但是当前的研究一般都会低估。① 基于几个地区的对比研究，罗滕伯格等（Rotemberg et al.）认为，对于地区间专业化分工和贸易来说，竞争和人力资本聚集的重要性不言而喻。② 巴拉等（Bala et al.）构建了人力资本聚集模型，并对该模型的时空特性进行了分析。③ 罗默（Romer）是新经济理论的代表人物，其认为，经济持续增长的动力源泉就是科学技术人员的数量与质量，聚集经济发展的前提就是人才聚集。④ 国内学者，如廖诺等基于“人才集聚—人才资本—经济增长”的人才经济价值转化链，分析 1990 ~ 2014 年东莞数据可知，人才聚集水平能促进人才资本贡献率的提升。⑤ 以山东半岛蓝色经济为例，张樨樨等认为，海洋科技人才的支撑极为重要，因为人才聚集能表现出的效应体系极为独特，包括技术效应、协同效应、综合效应。⑥ 以中原经济区为例，贾冀南等主要剖析该区的人才聚集现状，结合灰色关联度和城市流强度模型，提出了中原经济区优先发展的三级增长极。⑦ 刘兵等通过研究发现，人才聚集在涌现阶段、突变阶段、协同阶段

---

① Goetz S J, Hu D Y. Economic growth and human capital accumulation: simultaneity and expanded convergence tests [J]. Economics letters, 1996, 51 (3): 355 – 362.

② Rotemberg J J, Saloner G. Competition and human capital accumulation: a theory of interregional specialization and trade [J]. Regional Science and Urban Econmicis, 2000, 30 (4): 373 – 404.

③ Bala V, Sorger G. A spatial-temporal model of human capital accumulation [J]. Journal of Econmoci Theory, 2001, 96 (1/2): 153 – 179.

④ Romer P M. Endogenous Technological change [J]. Journal of Political Economy, 1990, 98 (5): 71 – 102.

⑤ 廖诺，赵亚莉等．东莞市人才集聚对经济增长的杠杆效应：来自产业结构和人才效能视角的解释［J］．科技管理研究，2016，36 (19)：159 – 164.

⑥ 张樨樨，朱庆林．海洋科技人才集聚促进山东半岛蓝色经济增长的效应研究［J］．东岳论丛，2011，32 (9)：143 – 147.

⑦ 贾冀南，杨丽倩．人才集聚视角下的中原经济区增长极培育研究［J］．华东经济管理，2016，30 (4)：68 – 73.

及运行阶段都会对新兴工业区的区域发展产生重要的作用。①

2.4　创新人才聚集效应的评价、对比和提升研究进展

目前，大多数学者从科技人才聚集效应出发，构建的人才聚集效应评价指标体系一般都会包括创新效应、区域效应、宏观规模效应，而且越来越多的学者从宏观层面上评价科技人才的聚集效应。

牛冲槐等认为，评判人才聚集效应极为复杂、系统、模糊，为此，应从具体的特征入手来评判人才聚集效应，以揭示相互之间的联系及紧密程度，以便重点关注重要因素。② 以我国中部六省为例，穆晓霞等基于灰色聚类评价人才聚集效应，其构建的指标体系包括五个方面：产业发展、科技发展、生活环境、经济发展、文化教育，以此为基础构建人才聚集效应评价模型，实现了对评价对象的排序和分组。③ 李明英评价中部六省人才柔性流动的聚集效应，其构建的指标体系中的目标层是聚集效应，指标层是集体效应、个人自身效应，测度层是集成规模、集体学习、知识溢出、信息分享、区域空间、持续激励。④ 张樨樨以北京为例，采用模糊评判方法研究其人才聚集现状，结果发现，北京的人才聚集过度且不均衡，聚集水平高的一极与水平低的一极差距悬殊，而且中等水平及低水平地区的人才营养不断被水平高的少数地区汲取，长此以往，两极分化的状况不可避免，会造成人才聚集的非经济性效应，为此，分流措施极为必要。⑤ 查成

---

① 刘兵，苏姗姗，郭然．新兴工业区人才聚集动态演进路径研究［J］．科技进步与对策，2010（15）：119－122.

② 牛冲槐，接民，张敏等．人才聚集效应及其评判［J］．中国软科学，2006（4）：118－123.

③ 穆晓霞，牛冲槐．基于灰色聚类的人才聚集效应评价研究：以我国中部六省为例［J］．科技管理研究，2014（1）：71－76.

④ 李明英，张席瑞．中部六省人才柔性流动下的聚集效应研究［J］．中国行政管理，2007（4）：43－45.

⑤ 张樨樨．我国人才集聚预警机制研究［J］．云南财经大学学报，2010（1）：152－160.

伟等提出，规模效应、知识创新效应、创新经济效应三个方面的内容共同组成了人才聚集预警指标体系。[①] 田凌晖主要评价高校人才的聚集绩效，其对聚集指数进行编制，并且提出，人才流入指数与人才流出指数之比就是人才聚集指数。当该值大于1，表明该校流入人才的质量高于流出人才的质量，人才流动处于良性状态；当该值小于1，表明该校流出人才的质量高于流入人才的质量，人才流动处于不良状态。[②] 基于相对偏差模糊矩阵法，宋磊等评价各省份人才聚集效应，其主要提出了人才聚集非均衡评价模型和指标体系。[③] 基于长三角地区的统计数据，杨宏翔等构建了三大区域之间的人才聚集效应评价指标体系，其提出，产业因素、制度因素、城市级别、历史因素、区位因素等导致了城市间人才聚集效应存在显著差异。[④]

关于人才聚集的研究热点还包括不同区域人才聚集效应的对比分析。张同全等在提出制造业基地人才聚集效应评价指标体系的基础上，对比分析长三角、珠三角和胶东半岛三大制造业基地的人才聚集效应。[⑤] 牛冲槐等比较硅谷和中关村的人才聚集效应及环境，分析了人才聚集效应的各种影响因素，并提出中关村人才聚集效应的提升对策。[⑥] 王勇实证研究发现，江苏不同的地级市之间，科技人才聚集效应的差异是较为明显的。[⑦] 牛冲槐等在分析了科技型人才聚集效应特征之后，提出该类人才的聚集效应评价指标体系，评价山西省11个地级市发现，人才聚集效应水平最高的是太

---

① 查成伟，陈万明，唐朝永等．区域人才聚集预警模型研究：以江苏省为例［J］．科技进步与对策，2014，32（16）：152－156.

② 田凌晖．高校人才集聚绩效评价方法探析：集聚指数的编制与应用［J］．教师教育研究，2007，19（2）：45－49.

③ 宋磊，牛冲槐，黄娟．我国各省人才聚集效应非均衡评价研究：基于相对偏差模糊矩阵法［J］．科技进步与对策，2012，29（16）：103－109.

④ 杨宏翔，余斌斌．区域一体化进程中人才聚集效应的评价研究［J］．石河子大学学报（哲学社会科学版），2014，28（1）：63－70.

⑤ 张同全，王乐杰．我国制造业基地人才聚集效应评价：基于三大制造业基地的比较分析［J］．中国软科学，2009（11）：64－71.

⑥ 牛冲槐，江海洋．硅谷与中关村人才聚集效应及环境比较研究［J］．管理学报，2008，5（3）：396－400.

⑦ 王勇．科技人才聚集效应的实证研究：基于三大制造业基地的比较分析江苏的数据［J］．科技管理研究，2011（5）：154－157.

原市，第二梯队包括晋中、运城、晋城、临汾、沂州，第三梯队涵盖长治、阳泉、朔州、吕梁、大同。[①] 牛冲槐等运用灰色关联投影模型，研究中部六省的科技型人才聚集效应，结果表明，湖北省、河南省、安徽省、湖南省、山西省和江西省的科技型人才聚集效应由强到弱。[②]

牛冲槐等认为，人才流动是人才聚集效应产生的前提条件，为此，需要促进人才聚集现象向人才聚集效应转变。具体来看，要做到人才管理体制的改革、户籍管理制度的改革、人才流动信息的畅通、宽松环境的构建。[③] 牛冲槐等提出，促进人才聚集效应的主要对策，首先就是思想观念的转变、正确人才观的建立，然后是积极的人才流动政策的制定、人力资本市场的发展、人才聚集环境的优化，最终将人才聚集现象变为人才聚集效应。[④] 在研究人才聚集现象与聚集效应质量互变关系之后，张洪潮等认为，只有建立健全人力资本市场、优化人才聚集环境、遵守人才聚集效应系统质量互变规律，才能最终提升聚集效应的质量。[⑤] 基于人才聚集效应成熟度模型和组织内外部环境，张体勤等提出，知识型组织人才聚集的战略体系的目标是提高知识型组织人才聚集能力，核心是和谐知识团队建设，保障是人才制度体系建设。[⑥] 基于协同动力学的相关研究，梁林等研究曹妃甸新区的人才聚集演化路径，提出曹妃甸人才制度体系必须创新，这样才能优化人才服务环境，提高服务质量。[⑦] 基于人才聚集效应角度，牛冲槐等评价青岛市的科技人才聚集环境，结果表明，人才聚集现象和人

---

① 牛冲槐，王秀义，杨春艳．山西省地级市科技型人才聚集效应的实证研究［J］．科技进步与对策，2012，29（2）：149－153.

② 牛冲槐，黄娟，李秋霞．基于灰色关联投影模型的科技型人才聚集效应测度：以中部六省为例［J］．科技进步与对策，2013，30（1）：150－154.

③ 牛冲槐，张敏，张洪潮等．人才聚集效应研究［J］．山西高等学校社会科学学报，2006，18（2）：16－19.

④ 牛冲槐，张敏，段治平．人才聚集现象与人才聚集效应分析及对策［J］．山东科技大学学报（社会科学版），2006，8（3）：13－17.

⑤ 张洪潮，牛冲槐．人才聚集现象与聚集效应质量互变系统研究［J］．中国流通经济，2006（11）：53－56.

⑥ 张体勤，刘军，杨明海．知识型组织的人才聚集效应与集聚战略［J］．理论学刊，2005（6）：70－72.

⑦ 梁林，刘兵，李嫄．我国区域人才聚集良性演化路径探究：以曹妃甸新区为例［J］．科技进步与对策，2015，32（2）：45－52.

才聚集效应能否出现的关键因素就是人才聚集环境的好坏。为此，应该改善科技型人才聚集环境，包括和谐的政治制度的建立、人才市场运行机制的完善、区域经济环境的优化、科技创新环境和教育环境的优化。① 外部作用机制方面，唐朝永等认为，人才制度建设的加强、产业结构的优化、区域文化建设的加强极为重要，而内部作用机制则涵盖企业组织文化建设的加强、创新氛围的改善、动态绩效考核机制的建立、心理资本水平的提升。② 芮雪琴等研究科技人才聚集与区域经济发展的适配性，结果表明，两者协调发展是极为重要的，为此，区域科技人才聚集规模的合理调整、优化人才聚集结构、提高科技人才聚集水平和效应关系重大。③ 基于多层次激励数学模型，牛冲槐等研究激励系统与人才聚集效应的相互关系。结果表明，如果投入激励总成本一定，则激励措施应该做到分类别、有差别、分层次。同时，竞争、团结、友爱、互助的激励氛围营造不可避免。此外，激励的投入应该多样化。④ 借鉴产业聚集指数，芮雪琴等研究科技人才聚集的区域演化对区域创新效率的影响，结果显示，经济较发达的北上广等地区，科技人才过度聚集的问题突出，需要合理引导科技人才的流动，科技人才的创造性与积极性需要得到激发。在经济欠发达的地区，需要落实积极的人才政策、制定有效的激励机制、增强区域环境对创新人才的吸引力，高水平人才的引进和培养是促进区域知识共享和创新效应实现的重要途径。⑤ 查成伟等提出，为促进高技术产业发展，应从国家和产业层面进行强化，而且政府需要健全聚才机制，提升高技术产业人才聚集

① 牛冲槐，高祖艳，王娟．科技型人才聚集环境评判及优化研究［J］．科学学与科学技术管理，2007（12）：127－133.

② 唐朝永，牛冲槐．人才聚集系统劣质化机理研究［J］．系统科学学报，2015，23（2）：57－60.

③ 芮雪琴，李亚男，牛冲槐．科技人才聚集与区域经济发展的适配性［J］．中国科技论坛，2015（8）：106－110.

④ 牛冲槐，李乾坤，樊艳萍．人才聚集效应下的多层次激励系统研究［J］．统计与决策，2009（19）：164－166.

⑤ 芮雪琴，李亚男，牛冲槐．科技人才聚集的区域演化对区域创新效率的影响［J］．中国科技论坛，2015（12）：126－131.

力，这样才能促进人才聚集效应与产业技术创新的协同共生。① 通过内容分析，刘兵等提取出人才聚集的影响因素，并划分了人才聚集驱动的三类模式，即主流型、中间型、弱势型，最后提出改善区域生活环境对人才聚集的关键作用，并指出改变文化保障、人才流动、科技人才和政策创新等因素的弱势地位意义巨大。②

2.5　西部十省份人才管理和人才聚集的研究进展

关于西部地区人才管理相关研究中，较为重要和热门的研究方向一是西部地区人才的发展现状，二是西部地区人才管理的不足与对策研究。

杨铁具体分析了西部人才队伍的数量、结构及分布状况，其认为，总量不足、结构不合理、人才效能较低是西部地区人才队伍建设方面的突出问题；培养开发的本地化和实效性不强、流动配置的市场功能难以发挥、人才激励保障配套措施不完善是人才工作方面的突出问题。为了提升西部人才的发展，应该要做到整体规划人才队伍建设、加强人才创新能力建设、完善人才工作的体制机制。③ 陶卓等认为，创新驱动发展战略实施后，西部地区人才需求量逐年上升，人才的产业分布也逐步优化。为此，创新驱动下西部人才培养路径为加大扫盲和义务教育力度、加快职业教育发展、推进高等教育发展。④ 李娴以重庆人才为例，研究发现，人才资源总量不足、人才缺口明显、供需矛盾是人才建设的主要问题，而且人才资源结构和人才政策的完善程度不高。分析具体原因可知，观念障碍、体制与

① 查成伟，陈万明，唐朝永等．高技术产业科技人才聚集效应与技术创新协同研究［J］．科技进步与对策，2015，32（1）：147－152.

② 刘兵，梁林，李嫄．我国区域人才聚集影响因素识别及驱动模式探究［J］．人口与经济，2013（4）：78－88.

③ 杨铁．基于调研统计的西部人才发展问题研究［J］．企业经济，2015（8）：132－135.

④ 陶卓，王春艳．人才与产业耦合：创新驱动下西部人才培养路径［J］．科技进步与对策，2015，32（22）：141－145.

机制障碍、社会环境障碍是主要的原因。为此，更新人才观念、确立人才意识，优化人才生态环境、实现人才工作突破，创新人才工作机制、探索人才服务模式迫在眉睫。① 戴虹宇认为，人才对于西部大开发战略的实施极为关键，但是当前西部人才开发中，观念过于落后、投入力度过小、体制不完善等问题突出。为此，人才开发观念的建立、干部素质的提升、人才机制的完善、人才评价系统的构建不可避免。② 刘翠芬等认为，制约西部地区跨越式发展的最大“瓶颈”就是滞后的人才队伍建设，而且，其中的突出问题有人才浪费现象严重、人才分布失衡、人才流失现象严重、人才资源的利用率有限、人才引进困难、高层次人才欠缺、结构性矛盾突出、人才总量不足等。分析可知，思想观念落后、经济待遇低下、教育发展滞后、求稳思想盛行、人才管理机制不健全等都是造成上述问题的原因。因此，西部地区人才队伍建设需要重视人才、创新育才机制、开发本地人力资源、营造良好的社会环境、完善引才政策等。③ 陈建林以政府为例，与其他地区相比，西部想要优化人才环境，其必须给人才创造条件更优惠、环境更宽松、待遇更丰厚的政策规定，同时，政策还需要围绕人力资本增量与存量、投资与积累、激励与保障三个方面进行完善。④ 吴凡通过研究西部高校，发现在人才引进政策发展路向上，西部高校应该提升人才引进政策的战略性、系统性，坚持政策的高标准和多维视野等，这样才能营造较好的政策环境。⑤

关于西部地区人才聚集，学者们从多角度、基于多种理论分析西部地区人才聚集的现状、导致原因并提出提升对策。如连秀云等认为，西部地区人力资源与人才聚集有一定的优势，如人力资源丰富，但是与西部大开

---

① 李娴．重庆人才高地建设的现状评价与对策研究［D］．重庆：重庆大学，2010.

② 戴虹宇．西部人才开发面临的桎梏及摆脱策略探析［J］．中国市场，2016（21）：128－129.

③ 刘翠芬，张振华，房栋．西部民族地区人才队伍建设的对策研究：以内蒙古地区为视角［J］．前沿，2011（5）：169－172.

④ 陈建林．西部人力资本投入的政府行为分析［J］．理论与实践，2005（7）：86－89.

⑤ 吴凡．西部高校人才引进政策历史演变与发展路向研究［J］．广西社会科学，2016（1）：209－212.

发要求相比，素质和结构不相称、人才总量不足、人才结构比例严重失调等问题突出，为此，提出了人才资源开发和人才聚集的对策。[①] 王亚薇通过问卷调查，发现西部人力资本流动的重要阻碍因素就是基础设施落后、待遇偏低、人力资本聚集政策不完善、自然条件恶劣、自主创业环境缺乏、人力资本发展空间有限等。为此，创新文化氛围的营造、人力资本流动的聚集政策的完善、基础设施建设的改善、人力资本发展空间的拓展是必须的。[②] 基于职业教育的内容，李家祥等提出，人才培养目标定位不明确、专业设置缺少特色、办学质量较低是西部地区职业教育发展的困境。为了提升西部职业教育水平，必须要实施人才聚集战略，即转变人才观念、维护人才权益、深化教学改革、为人才培养提供保障。[③] 此外，有学者研究云南的职业教育，提出在实施人才强国战略和西部大开发战略的过程中，人才聚集需要职业教育的支撑。为此，西部地区要做到：准确定位人才培养目标、维护人才权益、深化教育教学改革、强化优势、提高职业教育为区域经济发展服务的有效性。[④] 余明远认为，西部发展瓶颈的突破要做好创新人才内生与外部聚集，实现人才量的增加和质的提升。[⑤] 李鹏君认为，环境劣势和经济欠发达等因素导致了西部高校人才队伍建设的不足，为此，西部地区高等教育事业的发展必须做到：扶持重点学科、引进海外高层次人才、继续实施教育部"高层次创造性人才计划"、充分发挥学科的载体平台作用、推动团队建设。[⑥]

与此同时，东、中、西部的人才聚集的对比分析也是研究的热点。如

---

① 连秀云，毕诚．西部地区人力资源开发与人才聚集对策［J］．教育研究，2000（9）：9－14.

② 王亚薇．西部人才的流失与人力资本聚集机制的研究：以中石化西北分公司为例［D］．长春：长春工业大学，2010.

③ 李家祥，陈红平．试论西部职业教育发展的人才聚集战略［J］．教育探索，2008（12）：66－67.

④ 陈红平，王加林．西部职业教育有效发展的人才聚集策略：以云南省为例［J］．成人教育，2009（9）：49－50.

⑤ 余明远．和谐视野下西部人才内生与聚集机制创新思考［J］．成人教育，2009（6）：74－75.

⑥ 李鹏君．西部高校应立足重点学科建设打造高层次人才聚集平台［J］．中国高校师资研究，2014（5）：13－15.

孙健等对比分析了东部及中西部地区人才聚集的成本与收益，结果表明，中西部地区人才聚集的主要诱因并不是工资收入状况，而是财政支出的影响，人才聚集的收益远远大于成本。① 基于灰色系统预测法，张樨樨对比分析了东部与中西部，发现人才聚集会带来就业压力、缩小行业收入差距，与东部相比，中西部地区人才聚集水平的提高对就业和行业收入差距的影响更为显著。②

2.6 创新人才聚集效应理论支持

2.6.1 区域增长理论

经济增长是世界各国经济的关键问题之一，在发展中国家，经济增长更是特别为人们所关注。因此，现代经济学对经济增长进行了大量的研究，如新古典增长理论、新增长理论及制度变迁理论，都对经济增长的源泉及内生机制进行了分析。

20 世纪 40 年代，哈罗德（Harrod）和多马（Domar）的长期经济增长模型被视为现代经济增长理论出现的标志。但是，由于哈罗德—多马模型假定资本报酬率是常数，这就间接地假定了资本和劳动在增长过程中不能相互替代，从而使均衡增长的条件（有保证的增长率 = 自然增长率 = 实际增长率）难以满足。索洛（Solow）在仔细研究哈罗德经济增长理论之后，放松了资本与劳动不可替代的假定，从而创立了新古典经济增长理论。

由于新古典经济增长理论假定各个国家有相同的机会得到同样的技术，因而各国间没有技术水平的区别。该模型由此得出结论：各个相互独立的国家有很强的使经济发展水平和增长率趋于一致的倾向，在各国间要

① 孙健，陈建林，李桂玲．我国不同地区人才集聚的成本收益分析［J］．经济问题探索，2007（6）：170－173.

② 张樨樨．我国东、中西部人才集聚对行业收入差距和就业影响的比较分析［J］．软科学，2010，24（10）：10－14.

素可自由流动的情况下，将增强这一趋势。新古典增长理论的局限性在于它假设技术进步是外生的，它不能解释为什么发生技术进步，同样，它也无法解释世界各国人均收入水平的差异和实际人均 GDP 增长率的差异。

以罗默（Romer）和卢卡斯（Lucas）为代表的“新增长理论”充分吸纳了经济增长研究的最新成果，克服了在增长理论中占主导地位的新古典经济增长模型的局限性，为经济增长理论带来了生机和活力。罗默认为，生产要素的收益问题是经济增长的一个重要因素，新古典增长理论关于边际收益递减的假设是导致其失败的原因。在罗默的增长模型中，特殊的知识和专业化的人力资本不仅进入了生产函数，而且成为经济增长的主要因素。它们不仅能形成自身递增的收益，而且能使资本和劳动等要素投入也产生递增收益，从而使整个经济的规模收益递增，递增的收益保证着长期经济增长。卢卡斯的增长模型以人力资本为核心，把资本划分为物质资本和人力资本两种。卢卡斯认为，正是各国在人力资本方面的差异，导致了各国在收入和经济增长率方面的差异，扩大经济的开放度可以使发展中国家吸收新技术和人力资本，从而更快地实现经济发展，缩小与发达国家的收入差距。

制度学派对经济增长则提出了全新的观点，认为资本积累、技术进步等因素与其说是经济增长的原因，倒不如说是经济增长的本身。经济增长的根本原因是制度的变迁，一种提供适当个人刺激的有效产权制度体系是促进经济增长的决定性因素。制度学派认为，经济增长的根本原因是交易费用的降低，而降低交易费用的关键在于制度变迁。

2.6.2　新经济地理理论

新经济地理学研究的兴起和发展的背景是经济全球化和区域经济一体化，在这种背景下，如果忽视空间因素对经济活动的作用，就难以把握国际贸易和各国经济发展的内部机制。在此背景下，克鲁格曼（Krugman）将贸易理论和区位理论相结合，深入分析了与需求和供给相关的外部性以及与地理因素相关的贸易成本降低吸引大量企业在某区域集中的现象，提出了新经济地理理论。克鲁格曼从经济地理的角度探讨了产业聚集的成因，将地理因素重新纳入经济学的分析中。他认为，空间问题之所以没有引起主流经济学家的真正重视，是因为缺少精确模式分析保持递增的假设，并建立了一个简明而有效的关于中心—外围的模型。

2.6.3 产业集群优势理论

迈克尔·波特（Michael E Porter）系统地提出了以产业集群为主要研究目标的新竞争经济理论，提出了著名的钻石理论。波特认为，国家竞争优势主要不是体现在比较优势上，而是体现在产业集群上，产业集群是集中在特定区域的、在业务上相互联系的一群企业和相关机构。包括提供零部件等上游的中间商，下游的渠道与顾客，提供互补产品的制造商，以及具有相关技能、技术或共同投入的属于其他产业的企业，此外，还包括提供专业化培训、教育、信息、研究与技术支持的政府或非政府机构，如大学、质量标准机构、思想库、短期培训机构及贸易协会。其地理边界是由企业及相关机构的相互联系与依赖内在决定的，并不局限于政治边界。产业集群不同于科层制组织或垂直一体化组织，是对有组织价值链的一种替代。这种由独立的、非正式联系的企业及相关机构形成的产业集群代表着一种能在效率、效益及柔韧性方面创造竞争优势的空间组织形式，它所产生的持续竞争优势源于特定区域的知识、联系及激励，是远距离的竞争对手所不能达到的。波特认为，有三个原因可以解释为什么产业集群对竞争优势是至关重要的：第一，产业集群能够提高集群内企业的生产率，使每个企业在不牺牲大规模企业所缺少的韧性条件下从集群中获益，集群内企业之间的竞争及相互模仿推动了成本的下降和操作方法的优化。第二，产业集群能够提高集群内企业的持续创新能力，并日益成为创新的中心。第三，产业集群能够降低企业进入的风险，促进企业的产生与发展。

2.6.4 人才流动相关理论

人才流动是一种复杂的社会现象，一般是指人才在不同国家、地区、产业、职业、岗位之间的流动或转移。随着知识经济时代的到来，经济全球化的进程不断加快，人才资源已经成为推动人类文明和支持经济社会发展的重要要素。相对于物质、资本等要素而言，人才要素更为积极和活跃，在全球范围内的流动、循环、配置必将更加广泛。关于人才流动相关理论的研究，主要成果如下。

2.6.4.1　卡兹的组织寿命学说

卡兹（Katz）提出了组织寿命学说，该学说的基础就是科研组织寿命及员工流动问题。研究发现，组织内部信息量的多少、信息量的流动程度、该组织所取得的成果共同决定了一个科研组织的寿命。基于大量调查，卡兹曲线主要用来说明一个科研组织寿命变化的基本规律。分析科研组织的人员可知，在进入组织的1.5~5年，科研人员与其他同事有较多的信息沟通次数，沟通的积极性较高，能取得最多的科研成果。进入组织的时间超过5年或不足1.5年，在这两个阶段，科研人员之间的信息沟通水平较低，科研成果不多。造成这一现象的主要原因是：首先，相处时间少于1.5年，意味着彼此之间的熟悉度不高。其次，相处时间高于5年，相互之间太为熟悉，新鲜感缺乏，深入交流的意愿降低，导致信息沟通水平不高。基于组织生命周期，卡兹曲线提出了人才流动的必要性。此外，人员在进行流动时也需要注意一定的原则：流动年限为间隔两年，不适宜太快。一般而言，人们真正适应一个组织并完成一个项目的时间是两年，而且8次是一个人一生流动次数的最高限，超过8次，流动效率就会大大降低（张弘、赵曙明，2000）。

2.6.4.2　库克曲线

人才流动的必要性由库克（Kuck）论证。库克提出，一定程度的流动能提升人的创造性。基于研究生参加工作后创造力变化情况的深入调查，库克绘制了库克曲线（叶金松、吴存凤，2007）。研究生学习期间创造力增加的情况表现在曲线的第一段，说明研究生的创造力随着学习的进行而不断提高；研究生毕业后参加工作开始一段时间由曲线第二段表示，由于第一次承担任务，研究生一般都会表现得较为新鲜、有刺激，这样会提升他们的创造力；曲线第三段表示创造力达到顶峰，曲线第四段表示进入初衰期，这两段曲线很好地表现了研究生创造力慢慢下降并最终步入稳定期的过程（Kuck，2009）。为此，组织应该及时借助人才流动来提升和激发研究人员的创造力。

2.6.4.3 勒温的场论

美国心理学家勒温（Lewim）主要构建了个人与环境的关系公式：

$$B = f(p,e) \tag{2-1}$$

其中，人才工作成绩用 B 指代，人才所具有的才能和基本条件用 p 指代，人才所处的宏观和微观环境用 e 指代。场论认为，自身能力和拥有的各种条件、其所处的宏观和微观环境共同决定了一个人所取得的各种工作成绩，其中，外部环境的影响至关重要（Lewim，1935）。

2.6.4.4 目标一致理论

日本学者中松义郎提出，群体的整体功能水平最大化的实现需要群体中的个人与群体方向一致，这样才能充分发挥个体的能力。个体在一个外界条件缺乏的组织中，或是出于心情抑郁阶段，其才华是展现不了的，而且群体不会认可和激励个体的发展途径。如果个人不能及时调整自己的方向，让自己方向与群体方向保持一致，则个体和群体的工作效率都会变得更为低下（中松义郎，1990）。为此，个人必须主动向组织前进方向靠近，使自己的目标接近组织目标并不断保持一致。当实在无法调整自己目标的情况下，个人可以选择离开，流向一个组织目标和个人目标一致的组织（郑孟七，2010）。

2.6.5 人力资本理论

人力资本理论最早起源于经济学研究。20 世纪 60 年代，美国经济学家舒尔茨（Schultz）和贝克尔（Becker）创立人力资本理论，开辟了关于人类生产能力的崭新思路。该理论认为，物质资本指物质产品上的资本，包括厂房、机器、设备、原材料、土地、货币和其他有价证券等；人力资本则是体现在人身上的资本，即对生产者进行教育、职业培训等支出及其在接受教育时的机会成本等的总和，表现为蕴含于人身上的各种生产知识、劳动与管理技能以及健康素质的存量总和。第二次世界大战之后，人力资本理论形成，这一理论的形成得益于越来越多的学者进行现代人力资本理论的研究。其中，20 世纪 50 年代末 60 年代初，美国芝加哥大学的舒尔茨连续发表重要文章，阐述人力资本理论的相关内容，成为该领域最重要的代表人物。舒尔茨不仅第一次明确阐述人力资本投资理论，而且人力资本形成的方式与途径、教育投资的收益率和教育对经济增长的贡献等方面的贡献斐然。此后，运用实证计量方法证明经济增长中人力资本作用的是德恩森（Denlson）。美国经济学家明瑟（Mincer）基于收入分配的相关内容，建立个人收入分析与其接受培训量之间关系的经济数学模型，而且验证了劳动者收入差别与接受教育和获得工作经验长短的关系。此后，人力资本与人力资本的投资、人力资本的性质、人力资本的投资行为等一系列的研究成果都由贝克尔系统阐述（Becker，1975）。

20 世纪以来，人力资本相关问题的研究成果开始丰富。1906 年，美国经济学家费希尔（Fisher）首次提出人力资本的概念。20 世纪 30 年代，美国学者沃尔什（Walsh）提出，与物质资本一样，人力资本也是资本，只不过是劳动力知识、技能及其所表现出来的能力的凝聚，其对于经济的增长发挥着至关重要的作用。而且，人力资本具有经济价值，在分析高中和大学教育在经济上是否有利的问题时，可以借助教育效益的分析方式。加尔布雷斯（Galbraith）是新制度学派的代表人物，其认为，大量受过训练的人能较好地开展现代经济活动，为此，投资人和投资物质资本的重要性是等同的，对教育和科学的投资能从根本上决定资本的改善或技术的进步（Galbraith，1971）。

1965 年，唔扎瓦扎（Uzawza）提出了包含教育部门和生产部门的两部门模型，改变了索洛单纯生产部门的模型。1986 年，为了证实技术进步的内生化，罗默（Romer）提出罗默模型。1995 年，卢卡斯（Lucas）建立人力资本积累模型，该模型同时强调了人力资本的重要性以及外部溢出效应对人力资本积累的作用。

人力资本投资的范畴涉及内容较广，包括所有能够提高劳动者素质与能力、知识、技能和健康的支出，而且人力资本投资能形成人力资本存量（Schultz，1990）。一般而言，卫生保健投资、培训投资、教育投资、迁移投资等共同构成了人力资本投资。其中，人力资本投资的核心组成部分就是教育投资，其是人力资本最基本的要素；健康投资不仅能提高人的平均寿命，增加社会中人力资本存量，更为重要的是，劳动者的体质由于健康投资而不断提升，由此单位时间内的劳动能力和效率可以实现更大的飞跃。当前，企业各级管理者充分重视在职培训投资，因为其能提高员工的素质和能力（Becker，1990）。舒尔茨认为，劳动者寻找发挥最佳劳动力效率条件的活动就是劳动者合理迁移，其对人力资本的形成产生重要影响，能增加人力资本存量（Schultz，1975）。

分析人力资本的空间聚集可知，其有特别突出和明显的特点：首先，具有时间的阶段性。经历了萌动期、加速期、繁荣期和停滞期。其次，具有空间的变动性。经历了聚集地域类型变动、聚集地域层次变动、聚集地指向变动。最后，空间聚集的路径具有多样性。人力资本空间聚集的本质就是人才流动之后产生的聚集，与人力资本理论的最新发展息息相关。此外，众多因素会影响人力资本的空间聚集，其中，最主要的原因就是人力资本载体的易流动性和人力资本追求收益最大化（李玉江、徐光平，2008）。

分析人力资本空间聚集效应可知，参与人力资本空间聚集的群体，其是一种柔性生产综合体，正式与非正式关系充满活力和灵活性。在一个快速变化的动态竞争环境中，相对于刚性化与缺乏弹性的垂直一体化的安排，信息共享、资源互补、聚集形成竞争优势更有效率，而且对环境的变化更具适应能力（李天健、侯景新，2015）。对于组织来说，人力资本聚集会对其产生诸多有利的影响，如提高组织运作效率；对于成员来说，个人的技术知识水平和创新能力会由于人力资本聚集而得到提升，与此同时，也将拥有更好的发展机遇和空间（哈里斯·托达罗，1960）。知识、技术密集型企业发展的内在要求就是实现人力资本的空间聚集，且这种聚集表现出很强的有序性，而非是无序的、杂乱无章的。第一，层次性。在人力资本聚集的组织内部，由于知识、能力层次的差异，个体之间自身价值认同是不同的，这与个体学历有着密切的联系，但又不完全取决于学历的高低。第二，领袖带动性。组织领袖对人力资本聚集的影响越大，领袖作用越明显。第三，内涵的多样性。与传统意义上的科技人员聚集相比，人力资本的聚集具有涵盖更多的对象。第四，虚拟性。人力资本聚集可以跨地域、跨行业、跨领域的开发和利用（梁文泉、陆铭，2015）。

2.6.6　人才迁移相关理论

2.6.6.1　区际劳动力迁移动态模型

迄今为止，对区际要素流动的研究主要集中在两个领域：一是区际要素流动是如何实现区域要素收益均等化的；二是区际要素流动对促进区域经济发展的作用。

国外学者在区际劳动力流动对区际差距影响问题的研究上争论较多。例如，缪尔达尔（Myrdal）和赫尔西曼（Hull Seaman）就非常怀疑劳动力的流动必然会导致趋同，他们对跨国数据的经验研究结果显示，劳动力流动并不对经济增长产生收敛性的结果。尽管后来通过技术手段在其模型中排除了劳动力流动的内生性，但仍然没有发现劳动力流动对地区收敛的有效作用。但是，威廉姆森（Williamson）发现，区域经济差距形成的原因之一就是区域间劳动力的选择性流动。泰勒（Taylor）和威廉姆森发现，大规模的移民对这些国家的人均 GDP 的贡献达到 50%，这说明了劳动力提高区位成本从而使企业运营成本上升。因此，在比较成本利益的驱动下，用地面积大的工业有向外转移的动力。产业和人口的高度聚集，会使东部地区的土地极度紧张，也提高了城市生活成本。同时，东部地区劳动生产率的提高降低了对劳动力的需求，使工资增幅缓慢，劳动力转移的成本递增。因此，在东部地区工业用地极度紧张，或者当该区域的市场开发得差不多，企业需要向外扩张以抢占更多市场时，就会有一定规模的产业往中西部地区转移。

克鲁格曼提出，由于劳动力区际迁移是由工资区际差异所引起的。均衡模型和非均衡模型都是研究劳动力迁移的模型。在均衡模型看来，经济机会的差异是一种补偿，通过劳动力区际迁移，区域间的经济机会和效用的空间差异能够消除，这主要是因为劳动力迁移是高效的（樊士德、沈坤荣、朱克朋，2015）。在非均衡模型看来，劳动力市场的调整是极为缓慢的，所以效用差异的存在不可避免，而且存在时间会较长，这样会导致劳动力迁移。

2.6.6.2 “推力—拉力”理论

研究人口流动的原因方面，人口学上最重要的宏观理论是“推拉理论”。首先提出这一理论的是巴格内（Bague）。他认为，人口流动的目的是改善生活条件，流入地的那些有利于改善生活条件的因素就成为拉力，而流出地的不利的生活条件就是推力，人口流动就由这两股力量前拉后推所决定。

在巴格内之后，迈德尔（Mydal）、索瓦尼（Sovani）、贝斯（Base）、特里瓦撒（Trewartha）都作了一些修正。国际劳工局也在一些研究报告中验证了巴格内的理论。利（Lee）在《移民人口学之理论》一文中，在巴格内理论基础上，认为流出地和流入地实际上都既有拉力又有推力，同时又补充了第三个因素：中间障碍因素。中间障碍因素主要包括距离远近、物质障碍、语言文化的差异，以及移民本人对于以上这些因素的价值判断，认为人口流动是这三个因素综合作用的结果。

基于人口迁移的机制、结构、空间特征规律的总结，莱文斯坦（Raven Stein）提出了“推力—拉力”理论。而且，莱文斯坦认为，改善经济状况是人们进行迁移的主要目的。此后，人口迁移七大定律提出：第一，经济律。迁移是为了提高和改善生活质量。第二，城乡律。农村居民迁移可能性要大于城镇居民。第三，性别律。女性相对于男性迁移倾向更强，且迁移以短距离为主。第四，年龄律。各年龄段的人口迁移倾向不同，人口迁移的主体是青年人。第五，距离律。随着距嵌入中心距离的增加，移民的数量分布在减少。第六，递进律。中心城市吸纳乡镇人口所造成的乡镇空缺，会由乡镇周边更远地区来填补，直到中心城市的吸引力波及最偏远地区。第七，双向律。迁移的流向并非单向的，每一段主流都伴随相应逆流存在。

定量分析方面，一系列量化模型存在于“推力—拉力”理论中。例如，美国社会学家吉佛（Zipf）认为，两地之间迁移人口与两地人口规模成正比、与两地之间距离成反比，借助“万有引力”定律，其提出了以下引力模型：

$$M_{ij} = k\frac{P_iP_j}{D_{ij}^a} \tag{2-2}$$

其中，M_{ij}为 i 地与 j 地之间的人口迁移量；P_i 和 P_j 分别为两地的人口规模；D_{ij}为两地之间的距离，k 为常数，a 为距离衰减系数。该模型认为，对人口迁移起到决定性作用的就是两地距离。虽然该模型能预测地区间的人口迁移数量，但是忽视迁移的动机、社会经济因素对人口迁移的影响，造成该模型的适用范围受限，且不能体现人口迁移的方向。

根据引力模型，基于1955～1960年美国都市地带人口迁移数据，美国人口学家劳瑞（Lowry）得出了以下模型：

$$M_{ij} = k\left\{\frac{U_i}{U_j}\frac{W_j}{W_i}\frac{L_iL_j}{D_{ij}}\right\} \tag{2-3}$$

其中，M_{ij}表示从 i 地迁移到 j 地的移民数量；U_i、U_j 表示 i 地和 j 地的失业率；W_i、W_j 表示 i 地和 j 地的每小时制造业工资；L_i、L_j 表示 i 地和 j 地的非农劳动力人数；D_{ij}表示 i 地和 j 地间的距离。根据迁入地和迁出地的经济状况，劳瑞提出了经济引力模型。在该模型中，人口迁移的影响因素添加了两地制造业工资、非农劳动力人数、失业率，这样能够强调人口迁移的经济动机。此外，结合此模型可知，两地工资和就业机会会影响人口迁移，因为人们总会从工资低的地区向工资高的地区流动，且人们总是从失业率高的地区流向失业率低的地区。

新古典经济学是“推力—拉力”理论产生的根源，该理论认为，人口空间移动的主要原因就是经济收益的差异。分析该理论的局限性可知，其假设的市场体系完善、空间迁移无障碍和信息充分在实际情况中是不存在的，因为相较于新古典经济学，实际上的劳动力区际迁移内容更为复杂，微观变量和非经济因素更多。

2.6.6.3 发展经济学说中的人口迁移理论

刘易斯（Lewis）和托达罗（Todaro）是发展经济学理论的代表人物，

前者提出了“二元结构论”，后者提出了移民法则。其中，“二元结构论”主要探讨农业部门和工业部门之间的移民情况。由于农业部门劳动边际收益率低于工业部门的劳动边际收益率，所以刘易斯认为，人们进行跨区域流动主要是为了改善自身的经济状况（王维志，1988）。

城市“充分就业”是刘易斯模型的假设条件，但是在现实中，城市的失业问题十分严重，然而农村人口仍是源源不断涌入，为此，刘易斯模型的解释很难让人信服。与之相反，托达罗模型能较好地解释此现象。该模型的主要观点就是，发展中国家农村人口迁移规模继续增大的主要原因就是城乡预期收入差异扩大。

迁移人口年龄表由罗杰斯（Rogers）提出。他认为，每一个居民都是一个潜在移民，随着人的生命周期变化，迁移的概率也会相应变化。一般而言，人的一生会经历两次迁移高峰：一次是因就业而发生迁移，一般发生在15～34岁；另一次是退休后，离开原来工作的地方，到其他地方养老而发生迁移（洪开荣，2002）。

除此之外，大量研究基于空间经济学视角。这些研究大多表明，地区之间的工作机会和工资水平由于产业结构调整而发生变化，由此产生的收入差距会导致人口迁移。在美国，影响美国人口区际迁移流动的方向及规模的最为主要的原因就是调整经济结构（梁琦，2000）。传统制造业集中的地区由于美国经济结构的调整而出现衰落，西部与东南部地区由于新兴产业比较集中，所以其经济走向繁荣，区际经济发展格局巨大，由此导致人口迁移流向变化巨大。因此，当前主要的迁移模式就是人口向东部地带聚集，造成区域经济发展不均衡。人口迁移研究同时关注人口聚集与区域经济发展不平衡、人口聚集与人口迁移的内在联系等。

2.6.7 协同学理论

协同学是从希腊文引入的一个词，又译作“协合学”，其含义是“一门关于共同协作或合作的科学”。协同学的研究对象是一类由许多子系统构成的复杂系统。系统的性质可以截然不同，可能是由电子、原子、分子、细胞、神经元、器官、动物或者人等不同的子系统所组成。协同学探求这些子系统是如何协作而形成宏观尺度上的空间结构、时间结构或功能结构，特别研究这种有序结构是如何通过自组织的方式而形成的。

1969 年，哈肯（Haken）开始在课堂上、刊物中公开宣传他的协同学思想，大胆地提出：在不同的领域和现象中存在着一个共同的基本原理，即在截然不同的系统中都存在着同样类型的某种特定参量（序参量）的方程起支配、控制的作用。1970 年起，哈肯一方面致力于发展协同学的数学基础，建立具有普遍意义的支配原理的数学理论，另一方面开始将它推广应用。1977 年，哈肯将其 1975 年发表的《远离热动平衡系统中的和非物理系统中的合作现象》加以扩充改写，以《协同学》为书名出版，这标志着协同学的正式建立。目前，“协同学”的定义，指的是系统的各个部分之间的互相协作，其结果使整个系统产生出一些在微观个体层次中并不存在的新的结构和特征。作为一门横断科学，协同学是自组织理论的重要组成部分，主要研究自然界和人类社会各种系统的发展演变，且致力于解释这些演变内部的共同规律（吴秋明、李必强，2003）。

与一般系统理论相比，协同学同样认为系统是由组元、部分或子系统构成的。但是，协同学认为，当外界的控制参量改变时，在一定条件下系统的演化过程都是从无序到有序、从有序到有序、从有序到混沌（龙跃，2018）。非平衡开放系统中的自组织及形成的有序结构是协同学的本质研究对象（杨晨、阮静娴，2017）。而且，系统的条件特征较为明确，如开放性、非平衡状态；非平衡相变一直进行，系统外部的能量流、物质流、信息流可以维持非平衡系统的新的有序结构（湛垦华、孟宪俊，1989）。

在协同学看来，大量子系统共同组成系统，在一定条件下，子系统之间会发生相互的作用和协作。协同学的主要研究内容为系统各要素之间的动态作用，认为系统的动态发展规律主要是由要素之间相互联系所带来的非线性效应。哈肯指出，协同学所研究系统的多个子系统性质并不相同，这些结构出现的方式都是自组织。协同学的研究重点就是支配这些自组织过程的原理，而不是子系统的性质差异。系统变化的控制因素可以依托协同学找到，继而系统内子系统间的协同作用可以明晰。

系统的有序性是由诸要素的协同作用形成的，协同作用是任何复杂系统本身所固有的自组织能力，是形成系统有序结构的内部作用力。简言之，“协同导致有序”。系统有序结构的出现，关键并不在于系统是否处于非平衡态，也不在于是否远离平衡态，而恰恰在于子系统间的协同作用是任何复杂系统本身所固有的自组织能力。

2.6.7.1 序参量

协同学所要寻找的是一种统一的基本法则，以便据此了解复杂系统的自组织过程，但它所面对的却往往是由众多子系统织成的复杂系统，对认识的主体来说这些复杂系统包含着众多的或“白”或“灰”或“黑”的信息内容。因此，怎样描述这类系统的行为，成为协同学所要解决的问题。如果要对每个子系统、子系统之间的每种作用、子系统与外界的各种联系，以及系统整体的状况都做出详尽的描述，就需要无限多个状态参量，列出数目惊人的方程，但实际情况并不允许这样去做。而且，即便能够收集所有参量、得到所有数据，也未必能帮助我们进行判断，反而有可能陷入“只见树木，不见森林”的境地。

那么，在描述复杂系统的结构过程方面，我们难道真的无能为力了吗？为了能够有效地描述系统的状态和结构，研究系统演化进程中的共同特征及普遍法则，哈肯选择了支配系统行为的序参量这个概念来描述复杂系统的自组织行为，复杂系统中的整个联系的“有关信息”将由序参量向我们提供。序参量是描述系统宏观有序度或宏观模式的参量。对于一个系统，我们不必考虑它的微观子系统的所有参量，以及所有子系统的存在、作用及具体的运动方式，而只要选择一个或几个能够有效地描述系统宏观秩序的序参量，就能够知道它的整体运动方式，能够描述它的宏观有序状态及其变化模式。

2.6.7.2 支配原理

协同学中的所谓支配原理就是快变量受慢变量支配、慢变量在系统中起主要作用的原理。慢变量和快变量这两个概念与序参量、非序参量的区别，从本质上来讲，慢变量与序参量、快变量与非序参量是等价的，它们是对同一问题分别从两个不同角度上支配原理在协同学中起着核心作用。支配原理表明，在性质截然不同的自组织系统中，从无序中产生有序，或从一种秩序逐渐转到另一秩序时，有一种普遍的规律起着作用。不论是由原子、分子、细胞、器官组成的系统，还是由人组成的社会系统，其结构的形成都是大量子系统相互协同的结果，子系统之间的协同作用受相同的原理支配。

2.6.7.3　自组织原理

自组织原理是协同学理论的核心，它反映了复杂系统在演化过程中，如何通过内部诸要素的自行主动协同来达到宏观有序的客观规律。这一原理指出，在一定的外部能量流和物质流输入的条件下，系统会通过大量子系统之间的协同作用，在自身涨落力的推动下达到新的稳定，形成新的时间、空间或时空有序结构。系统演化的这种过程，称为自组织。对自组织的含义，哈肯特别强调它是指系统在没有外部指令的条件下，其内部子系统之间能够按照某种规则自动形成一定的结构和功能，它具有内在性和自主性。

第3章 西部十省份创新人才聚集效应的形成过程

3.1 西部十省份创新人才聚集效应的研究内容

3.1.1 系统论及其阐述

系统论的主要任务就是以系统为对象，从整体出发来研究系统整体和各要素的相互关系，从本质上说明其结构、功能、行为和动态，以把握系统整体，达到最优的目标。系统思想源远流长，但作为一门科学的系统论，人们公认是美籍奥地利人、理论生物学家贝塔朗菲（Lvon Bertalanffy）创立的。他在1932年发表《抗体系统论》，提出了系统论的思想。1937年，他提出了一般系统论原理，奠定了这门科学的理论基础。但是，他的论文——《关于一般系统论》到1945年才公开发表，他的理论到1948年在美国再次讲授《一般系统论》时，才得到学术界的重视。确立这门科学学术地位的是1968年贝塔朗菲发表的专著——《一般系统理论基础、发展和应用》（*General System Theory*：*Foundations*，*Development*，*Applications*），该书被公认为是这门科学的代表作。

系统论认为，开放性、自组织性、复杂性、整体性、关联性、等级结构性、动态平衡性、时序性等，是所有系统共同的基本特征。这些既是系统所具有的基本思想观点，也是系统方法的基本原则，表明系统论不仅是反映客观规律的科学理论，而且具有科学方法论的含义，这正是系统论这门科学的特点。

系统论的核心思想是系统的整体观念。贝塔朗菲强调，任何系统都是一个有机的整体，它不是各个部分的机械组合或简单相加，系统的整体功能是各要素在孤立状态下所没有的性质。他用亚里士多德的“整体大于部分之和”的名言来说明系统的整体性，反对那种认为要素性能好，整体性能一定好，以局部说明整体的机械论的观点。同时认为，系统中各要素不是孤立地存在着，每个要素在系统中都处于一定的位置上，起着特定的作用。要素之间相互关联，构成了一个不可分割的整体。要素是整体中的要素，如果将要素从系统整体中割离出来，它将失去要素的作用。正像人手在人体中它是劳动的器官，一旦将手从人体中砍下来，那时它将不再是劳动的器官了一样。

系统论的基本思想方法，就是把所研究和处理的对象当作一个系统，分析系统的结构和功能，研究系统、要素、环境三者的相互关系和变动的规律性，并优化系统观点看问题。世界上任何事物都可以看成是一个系统，系统是普遍存在的。大至渺茫的宇宙，小至微观的原子，一粒种子、一群蜜蜂、一台机器、一个工厂、一个团体……都是系统，整个世界就是系统的集合。

系统论的任务，不仅在于认识系统的特点和规律，更重要的还在于利用这些特点和规律去控制、管理、改造或创造一系统，使它的存在与发展合乎人的目的需要。也就是说，研究系统的目的在于调整系统结构，协调各要素关系，使系统达到优化目标。

系统论的出现，使人类的思维方式发生了深刻的变化。以往研究问题，一般是把事物分解成若干部分，抽象出最简单的因素来，然后再以部分的性质去说明复杂事物。这是笛卡尔奠定理论基础的分析方法。这种方法的着眼点在局部或要素，遵循的是单项因果决定论，虽然这是几百年来在特定范围内行之有效、人们最熟悉的思维方法，但是它不能如实地说明事物的整体性，不能反映事物之间的联系和相互作用，它只适应认识较为简单的事物，而不胜任于对复杂问题的研究。在现代科学的整体化和高度综合化发展的趋势下，在人类面临许多规模巨大、关系复杂、参数众多的复杂问题面前，就显得无能为力了。正当传统分析方法束手无策的时候，系统分析方法却能站在时代前列，高屋建瓴、综观全局、别开生面地为现代复杂问题提供有效的思维方式。所以系统论，连同控制论、信息论等其他横断科学一起所提供的新思路和新方法，为人类的思维开拓新路，它们作为现代科学的新潮流，促进着各门科学的发展。

系统论反映了现代科学发展的趋势，反映了现代社会化大生产的特点，反映了现代社会生活的复杂性，所以它的理论和方法能够得到广泛应用。系统论不仅为现代科学的发展提供了理论和方法，而且也为解决现代社会中的政治、经济、军事、科学、文化等方面的各种复杂问题提供了方法论的基础，系统观念正渗透到每个领域。

当前，系统论发展的趋势和方向是朝着统一各种各样的系统理论，建立统一的系统科学体系的目标前进着。有的学者认为，“随着系统运动而产生的各种各样的系统（理）论，而这些系统（理）论的统一业已成为重大的科学问题和哲学问题”。

系统理论目前已经显现出几个值得注意的趋势和特点：第一，系统论与控制论、信息论，运筹学、系统工程、电子计算机和现代通信技术等新兴科学相互渗透、紧密结合的趋势；第二，系统论、控制论、信息论，正朝着“三归一”的方向发展，现已明确系统论是其他两论的基础；第三，耗散结构论、协同学、突变论、模糊系统理论等新的科学理论，从各方面丰富发展了系统论的内容，有必要概括出一门系统学作为系统科学的基础科学理论；第四，系统科学的哲学和方法论问题日益引起人们的重视。

在系统科学的这些发展形势下，国内外许多学者致力于综合各种系统理论的研究，探索建立统一的系统科学体系的途径。一般系统论创始人贝塔朗菲，就把他的系统论分为狭义系统论与广义系统论两部分。他的狭义系统论着重对系统本身进行分析研究；广义系统论则是对一类相关的系统科学来进行分析研究。其中，包括三个方面的内容：系统科学、数学系统论；系统技术，涉及控制论、信息论、运筹学和系统工程等领域；系统哲学，包括系统的本体论、认识论、价值论等方面的内容。瑞典斯德哥尔摩大学萨缪尔教授在 1976 年一般系统论年会上发表了将系统论、控制论、信息论综合成一门新科学的设想。在这种情况下，美国的《系统工程》杂志也改称为《系统科学》杂志。我国有的学者认为系统科学应包括系统概念、一般系统理论、系统理论分论、系统方法论（系统工程和系统分析包括在内）和系统方法的应用五个部分。我国著名科学家钱学森教授，多年致力于系统工程的研究，十分重视建立统一的系统科学体系的问题。自 1979 年以来，他多次发表文章表达把系统科学看成是与自然科学、社会科学等相并列的一大门类科学，系统科学像自然科学一样也区分为系统的工程技术（包括系统工程、自动化技术和通信技术）、系统的技术科学（包括支筹学、控制论、巨系统理论、信息论）、系统的基础科学（即系统学）、系统观（即系统的哲学和方法论部分，是系统科学与马克思主义哲学连接的桥梁）四个层次。这些研究表明，不久的将来，系统论将以崭新的面貌矗立于科学之林。

值得关注的是，我国学者林福永教授提出和发展了一种新的系统论，称为一般系统结构理论。一般系统结构理论从数学上提出了一个新的一般系统概念体系，特别是揭示系统组成部分之间的关联的新概念，如关系、关系环、系统结构等；在此基础上，抓住了系统环境、系统结构和系统行为以及它们之间的关系及规律这些一切系统都具有的共性问题，从数学上证明了系统环境、系统结构和系统行为之间存在固有的关系及规律，在给定的系统环境中，系统行为仅由系统基层次上的系统结构决定和支配。这一结论为系统研究提供了精确的理论基础。在这一结论的基础上，一般系统结构理论从理论上揭示了一系列的一般系统原理与规律，解决了一系列的一般系统问题，如系统层次的存在性及特性问题、是否存在从简单到复杂的自然法则的问题、什么是复杂性根源的问题等，从而把系统论发展到了具有精确的理论内容并且能够有效解决实际系统问题的高度。

3.1.2　创新人才聚集效应的主要内涵

从系统论相关内容分析创新人才聚集效应可知，人才集聚其实是一个复杂系统，在国外的研究文献中，很少有关于人才集聚内涵的专门论述，但是人才聚集的实现却较为丰富，而这些思想散见于劳动力流动和人才资本聚集的研究之中。例如，詹内蒂（Giannetti，2017）认为，不同的劳动力个体具有不同的技能水平，他们的合作将会大大降低生产成本，实现规模效益，为了创造这样的效益，地区或者企业就会通过各种方式实现劳动力个体的集中和组合。西蒙（Simon，2016）认为，人力资本聚集是各种人力资源由于在就业上存在的关联性，而在空间上比较集中的现象。与国外相比，国内学者对人才聚集的内涵作了更多的论述，可以归纳为两类：一是从人才流动的角度进行界定。例如，牛冲槐等（2012）在分析人才流动过程中聚类现象的基础上指出，人才聚集现象是指在一定的时间内，随着人才的流动，大量同类型或相关人才按照一定的联系，在某一地区（物理空间）或者某一行业（虚拟空间）所形成的聚类现象。其主要特征表现为空间性、聚类性和规模性。张同全（2009）则认为，人才聚集是人才流动中的一种特殊现象，它是指人才由于受到某种因素影响，从各个不同的区域向特定的区域流动的过程。刘思峰（2012）以科技人才为研究对象，指出科技人才聚集是科技人才流动过程中的一种独特现象，一般指科技人才由于受到经济、社会、地域环境和单位条件等各种因素的影响，从不同的地区或单位向某一特定地区或单位流动的过程。二是从人才聚集效应的角度阐述人才聚集的概念。例如，熊莎（2009）认为，人才聚集是指符合质量指标的人才在区域范围内实现数量上的集中，并且通过彼此之间经验、能力的相互协调，从而实现聚集效应，为该地区的发展做出贡献。喻汇（2016）则以人力资本为研究对象，指出人力资本聚集是指在经济、制度、文化、技术等要素的共同作用下，具备一定存量的专业人力资本，向某一区域空间和产业范围内聚集并形成一定规模经济的过程。赵娓（2014）也认为，人力资本聚集的概念可以界定为：一群独立自主又彼此依赖、相互关联的成员集合在一起，利用各自的人力资本要素，促进信息与知识的流动及新思想、新技术的创造，发挥出整体系统大于部分之和的效应。

从国内外学者对人才聚集内涵的阐释可以看出，概念的表述虽然各不相同，但都凸显了人才聚集的本质，即人才聚集是人才流动中的特殊现象，是人才个体在地理空间上的聚集行为或现象，这既是人才个体寻求工作、生活最大满意度的一个过程，也是市场优化配置人才资源的结果。

3.1.3　创新人才聚集效应的模式和载体

3.1.3.1　创新人才聚集效应的模式

一是市场主导型人才聚集模式。这种类型的人才聚集模式充分发挥了市场在人才配置中的基础性作用，政府只是在某些方面发挥辅助作用，以更好地为人才聚集服务，承担服务人才的角色定位。目前，美、英等发达国家普遍采用了该种模式。其一，以高校为依托的美国硅谷模式是市场主导型人才聚集模式的典范。硅谷被誉为世界人才高地，其前身“斯坦福大学工业园”，是创新创业顶尖人才的高度聚集地，孕育了多个世界“现象级”的高科技企业。与此同时，完善的法制体系为创新知识提供了收益保障，“金手铐”的人才激励机制强化了核心企业的创新热情。其二，英国所构筑的人才聚集模式则更能体现全球化开放的自由市场理念。英国政府崇尚开放式的人才引进策略，在精英意识影响下所形成的实用主义人才观、垂直向上的人才流动体制进一步营造了社会公平公正的人才环境。

该模式下，聚集的产生是自下而上的，是通过人才对聚集区好处的追逐自发形成的，更多地体现出市场主导型人才聚集模式的以下特点。

人才聚集地拥有资源天赋优势。市场主导型人才聚集地产生的初始诱因主要来源于资源天赋上的先天优势。资源天赋上的优势首先诱发了产业聚集，产业聚集的发展使人才环境逐渐改善，对人才的聚集力不断增强。而人才聚集又进一步推动了产业聚集，两者相互促进，使这些人才聚集中心最终形成今天的规模。

制度环境优越。市场经济的高度发展是市场主导型人才聚集国家的基本特征。因此，该类型人才聚集地一般拥有完善的法制体系、人才激励机制与风险投资机制，为人才聚集地的发展提供优越的制度环境。

政府发挥重要辅助作用。市场主导并不意味着政府无所作为。在该类型人才聚集地的演化过程中，政策变量通过影响人才培养和人才引进，对人才聚集发挥重要的支持作用。首先，高度重视教育。没有人才，人才聚集就会成为无源之水、无根之木，而获得人才的根本途径是通过教育培养。其次，积极引进国外人才。

二是政府扶持型人才聚集模式。以政府为主导的人才聚集模式，可以使创新基础较为薄弱的国家在短时间内完成人才聚集，推动人才战略的发展。日本筑波科技城模式是政府主导型人才聚集模式的典范。最初为了缓解东京城市压力，日本政府通过制定优惠人才政策，引导大量科研人员迁至筑波地区，而后逐渐形成了筑波地区人才聚集现象和封闭式人才培养模式。一方面，通过颁布《筑波研究学园都市建设法》等法律法规，进一步完善了科研技术开发过程的保障机制；另一方面，通过财政资金的投入政策，逐步为科研人员营造了良好的研发环境。然而，由于受政府完全主导，筑波科技城模式逐渐显示出弊端。例如，科研管理体系的过分垂直化倾向、科研团队个体间交流程度的降低以及科研人员研发积极性被政府规划的强制性所抑制等。政府扶持型人才聚集模式具有以下优点。

改善人才环境。人才环境对人才聚集的重要性毋庸置疑。根据发展经济学中的“后发优势”理论，通过对人才聚集规律的研究，相对落后的国家在理论上可以通过政策变量强化适合人才聚集地区的人才环境，推动人才聚集进程加速进行，使落后国家用比发达国家更少的时间完成人才聚集的进程。通过直接投资建立人才聚集载体，已被证实是加快人才聚集的有效措施。

增加教育投入。增加教育投入、建立完善的人才培养机制是保证人才供应的基本方式。对相对落后的国家来说，由于人才环境的相对薄弱，大量引进国外人才的可行性不够，教育几乎是其培养人才的唯一途径。教育投入的多少制约人才聚集的速度，很多国家和地区已在积极投资高等教育。

实施人才回流政策。与美国、日本等发达国家相比，发展中国家和新兴工业化国家在国际人才争夺战中处于劣势。在作为人才输入国的发达国家从国外人才中获得巨大收益的同时，作为人才输出国的发展中国家却面临人才大量外流的严重损失。因此，各国纷纷采取措施，改善创业环境以鼓励海外人才回国安居创业。

三是政府与市场双轨制的人才聚集模式。此模式介于市场主导型与政府主导型之间，兼备了市场自发机制调节的高效率特征以及政府宏观政策调控的快速性特征。德国政府作为世界科技创新领先国家，采用了政府与市场双轨制，强化了世界人才的聚集效应，提高了国家科技创新的核心竞争力。德国所采用的政府与市场并重的人才聚集模式，更加强调政府宏观调控政策对市场的优化作用。为了吸引全球科技创新人才，德国联邦政府通过设立多方面的项目，完善《移民法》，来增加人才引进数量，提高人才引进效率。在人才培养方面，德国政府采用政企双轨制培养方案，提高技能型应用人才素质；在人才激励方面，德国政府采用科研绩效评价系统，鼓励人才的海内外流动。

以上人才聚集模式在国外的应用已经较为成熟，但是，鉴于西部十省份本土化情况以及我国人才战略与发达国家存在的客观差距，如区域发展不均衡所带来的人才分布不均衡、央地分权制度所带来的政策衔接断层以及传统用人机制的禁锢等，如何发挥市场与政府在人才聚集模式中的合力问题，成为我们亟待解决的焦点。

一是发挥政府与市场各自优势，编织科技创新系统“密网”。人才作为主要的创新要素，政府与市场在区域创新人才聚集过程中承担了不同的作用。其一，明晰市场与政府在推动创新中的功能定位。政府应当完善顶层设计，通过财政资金的投入，完成对创新科研环境的优化。其二，强化政府与市场的协同作用。以市场运作机制为资源配置主体，多措并举建立政企双轨制的人才培养机制，市场化、公平化的人才评估体系等体制机制。

二是制定多元化人才政策，吸引全球科技人才。多元化的特色人才政策是顺应当今世界人才竞争趋势的有力法宝。其一，尊重人才流动的客观规律。放宽移民政策，吸引海外高精尖人才。其二，制定差异化人才吸引策略。如美国凭借创新产业集群优势以及高度市场化的激励手段吸引人才；英国则通过对外国际交流，提高对世界人才的吸引力。其三，强化产业对人才的吸引效应。通过强调科技创新的产业化应用，配合设立专门引进海外人才的政府机构，提高政府在聚集海外人才过程中的效率。

3.1.3.2 创新人才聚集效应的载体

人才聚集首先是人才这种特殊资源通过人才流动实现聚集过程。其次，人才的流动是受到某些因素的影响，这些因素构成了对人才的吸引力。最终，人才在流动过程中带动人力资本流向特定载体，这些载体聚集大量同类型或相关人才而形成较大的人力资本集合。所以，人才聚集就是某些影响因素吸引人才流动并且流向特定载体而形成较大人力资本集合的过程。因此，研究人才聚集形成的关键就在于找出影响人才流入的吸引力因素和承接人才流入并发挥效能的载体体系。

企业是产业集群最重要的组成部分，企业载体与产业集群载体是包含与被包含关系，应属于同一个载体层次。科技园区是企业和产业聚集的场所，通过企业、产业集群等聚集人才，不应该将其当作单独的载体出现。人才的主要提供者不仅是指高等院校，还应包含科研院所以及各种培训机构等组织。另外，不能忽视政府在承接人才聚集中的作用，政府既是党政人才的主要聚集场所，又为人才聚集提供政策保障。同时，各中介机构可减少委托人和代理人之间的信息不对称，维持人才聚集系统的流畅运行，是人才聚集的重要保障。具体有以下几个重要载体。

（1）企业。企业是各类人力资源聚集最重要的载体。在市场经济条件下，首先，企业是研究开发的主体，需要大量科研人才的聚集和创新，这意味着企业必然要聚集人才。其次，企业是利益分配的主体，正是由于企业的利益分配功能，才能吸引人才的主动流入。人才通过付出自己的劳动获得相应的报酬，当其认为报酬较好且合理时会留在企业中，所以利益的吸引使得人才聚集成为可能。最后，企业是人才价值得以实现的载体，人才将自己的智慧通过为企业服务，造福于企业和社会，真正实现自我价值。

（2）高等院校和培训机构。高等院校是科技人才聚集的重要载体。发达国家和地区通过实施高校人才聚集战略，聚拢了来自世界各地的优秀科学家、工程师和研究人员，促进了经济和科技的飞速发展。实施以高等院校为载体的人才聚集战略，促进自身快速发展的同时，可以增强地区的经济实力和国际竞争力。培训机构侧重于提供技能培训服务，可弥补现有教育体系的不足，如为农民工或者下岗工人提供就业、再就业培训服务。培训机构也具有一定的知识传授功能，如为各类型人才提供知识更新、考试教育培训等特色服务。因此，社会培训机构是人才聚集服务载体中极具活力和特色的重要组成部分。

（3）科技园区。科技园区是科技与创新人才聚集的主要载体。科技园区是科技与经济一体化发展的产物，它聚集了大量高科技人才，对推动经济发展起到了决定性的作用。

3.1.4　西部十省份创新人才聚集效应研究的主要内容

一般而言，创新人才聚集效应在形成过程中应包括各项子效应，而且子效应之间也具有一定的相互关系。人力资源中，人才是优秀的群体，是知识创造、技术创新的内生力量。创新人才聚集效应的系统结构之所以能涌现出各项子效应及最终的人才聚集效应，主要是依据聚集主体、关系及属性。

在创新人才聚集效应基础内容的相关研究中，学者的理论基础和研究视角都存在较大差异，且研究结论呈现出多样化。综合分析现有研究成果可知，关于人才聚集效应内容的研究大致有以下三种观点。

第一，当前，信息共享效应、知识溢出效应、创新效应、集体学习效应、激励效应、时间效应、区域效应、规模效应是广为接受的人才聚集效应的主要内容，也就是说，研究创新人才聚集效应也应该从这八个方面进行考虑。

第二，也有的研究从人才聚集效应的影响因素出发，这样形成的指标体系一般都包括生活环境发展因子、科技发展因子、经济发展因子、产业发展因子、政府支持因子等方面，从而进一步选择相应的方法以实现创新人才聚集效应水平的评价。

第三，还有的研究从具体的研究对象出发，根据研究对象的特点构建不同的指标体系。例如，以聚集效应为目标层，指标层包括知识溢出、集成规模、信息分享、持续激励、区域空间、集体学习，并实现了对中部六省人才柔性流动的聚集效应的评价；又如，基于物流行业的产业属性，从宏观效应、创新效应、区域效应、学习效应、交通效应五个维度，构建湖北省区域物流人才聚集效应的评价指标体系。

综合分析已有人才聚集效应的相关内容和研究视角，本书遵循第一种研究视角。之所以选择第一种研究视角，主要原因在于：(1) 此类研究视角的研究成果最为丰富、研究最为全面，已有指标体系的信度、内部效度和外部效度都较好。(2) 从人才聚集效应的影响因素出发构建创新人才聚集效应内容指标体系，会存在一定偏差，因为人才聚集效应的某些评价指标可以被视为影响因素，但是，大部分的影响因素从严格意义上讲并不是人才聚集效应水平的直接体现。(3) 根据研究对象的不同特点而构建的指标体系，涵盖的范围并不全面，外部效度值得商榷。

综合上述原因，本书认为，从多方面来分析西部地区创新人才聚集效应的子效应能较为全面。而且，只有依托特定的区域，创新人才才能借助聚集区域的各种区位优势获取各种资源。与其他地区相比，西部地区的创新人才总量在稳定增长，但是开发水平偏低、高素质人才与全国平均水平的差距较大等问题依然突出。而且，通过诸多学者的研究表明，与东部和中部地区相比，西部地区的经济聚集和人口聚集速度较慢，且两者存在一定偏差。一旦人口与经济分布偏差超出合理区间，随着时间的推移，会造成空间缩小的损失，而且会导致区域人口压力突出、地区差距扩大、空间结构优化滞后等诸多不利于区域协调发展的问题。为此，对于西部地区来说，如何优化创新人才利用和开发、推进创新人才聚集效应是实施区域协调发展战略的必由之路。

在现有研究中，牛冲槐等学者对人才聚集效应的主要内容进行了充分的研究，得出了诸多有益的结论，其认为人才聚集效应应该包括八大子效应，分别为信息共享效应、知识溢出效应、创新效应、集体学习效应、激励效应、时间效应、区域效应及规模效应。结合专家访谈法，本书认为，对于当前西部地区来说，创新人才聚集效应更多地体现在以下五大效应：规模效应、知识共享效应、集体学习效应、创新网络效应及地区品牌效应。

西部地区创新人才聚集效应包括了规模效应、知识共享效应、集体学习效应、创新网络效应及地区品牌效应这五大子效应，而且子效应之间也具有一定的相互关系，由此不断对外部环境产生影响。

3.1.4.1　规模效应

按照规模经济理论，当越来越多的创新人才在西部地区聚集之后，西部地区所形成的人才向心力会吸引更多的创新人才在此区域空间上因果循环聚集，为此，一定规模的创新人才数量是西部地区创新人才聚集效应产生的条件和基础。相关研究表明，一个地区人才的规模越大，能降低交易成本、提高劳动生产率、分摊基础设施成本，带来一定的规模经济，而且也能促进知识、人力资本、技术的外溢，为该地区注入更多的活力。而且，相对于小规模的人才聚集程度来说，大规模的人才聚集会由于专业化劳动力的共享、隐性知识的外溢带来更高的劳动生产率。为此，对于西部地区来说，创新人才聚集的规模越大，就能带来更多的学习和就业机会，创新人才之间的知识积累、知识共享程度越高，从而提升西部地区的经济效益。

3.1.4.2　知识共享效应

当前，面对急速变化的市场环境，由于受到技术、资金、信息等资源的限制，创新的个体无法凭借一己之力完成创新活动，为了降低成本、抵御风险、互补资源、共享利益，创新人才需要与其他各类别的创新人才建立合作创新关系。进一步地，根据知识共享理论、知识转移理论等内容，创新人才聚集在西部地区之后，创新人才之间进行的知识交流和共享机会增多，不同类别的创新人才之间能从不同方式、手段、观点等促进问题的解决、实现知识的共享。此外，随着创新人才之间交流的深入，西部地区人才的信任机制能不断完善，交流困难现象将逐渐减弱，知识转移趋于有效，信任的文化氛围能逐渐建立。由于知识创新的基础就是创新人才之间的交流，所以创新人才聚集效应产生和提升的不可或缺的要素就是知识转移和知识创新。

3.1.4.3 集体学习效应

由于非线性是创新过程的突出特征，其主要表现为创新活动是不同创新主体之间的互动过程。为此，不同创新人才在空间层面实现创新的有效机制就是集体学习。在创新过程中，解决知识流动和转化问题的重要机制就是集体学习机制，且由于集体学习具有连贯性、动态协同性、公共性等特征，所以该机制对于区域创新环境的塑造、区域创新知识的积累、区域创新能力的提升至关重要。对于西部地区而言，通过创新人才聚集，人才之间直接交流、接触的机会较多，各类创新人才之间能相互学习、交流经验，使得隐性知识显性化，产生所谓的知识溢出效应，不断推进知识的产出、获取、积累和转化，不仅使创新人才个体的创新能力得到提升，更能推动整个西部地区创新氛围和创新技术的提升。

3.1.4.4 创新网络效应

在结合其他创新要素的过程中，创新人才掌握着一定的知识和技术，其本身的创新能动性较强，由此，能在一定程度上对其他创新要素的有效利用程度起到决定作用。西部地区实现创新人才聚集之后，依托各类创新人才，在相互作用过程中，各种创新要素能实现技术合作、资源互补、知识共享、协调发展。基于创新人才聚集效应生产与提升，不同信息、技能和知识的人才能通过一系列协同整合过程实现创新网络效应。创新人才获取知识、运用知识的需求和能力都较高，不同创新人才之间协作能实现知识的共享，更为重要的是，促进隐性知识的传递。创新人才聚集之后的创新网络效应更多的是一个自组织过程。不同类型的创新人才为了满足自身需求及个人发展而协作，同时，借助区域所提供的各种支持，在交流过程中相互学习、沟通、合作，完善自身知识体系的同时进行知识的共享、积累和转化，从而实现自组织系统。而且，通过此自组织系统，区域能形成激励创新的良好氛围，使创新的发生更为自觉。

3.1.4.5 地区品牌效应

当前，地区品牌是区域竞争力形成的重要途径，对于区域经济的可持续发展具有重要影响。为了寻求区域的长远发展和竞争优势，各地区需要建设、发展、完善地区品牌，以提升本区域的吸引力，获得长期的发展利益。根据品牌的相关研究可知，地区品牌涵盖的内容极为广泛，该地区的行业、服务、文化、自然资源、气候、地理位置、产品等都是地区品牌的重要组成部分。在研究地区品牌发展的过程中，一个重要的视角就是集群内生视角，其认为地区品牌形成和传播的经济基础和重要载体就是资源，而创新人才聚集所形成的聚集效应能够促进地区特色的传播，两者之间是共生协同的关系。对于西部地区而言，通过越来越大的创新人才聚集规模，可以促进创新人才个体创新能力提升，并推动地区创新文化、创新氛围的优化，实现创新产品的开发，由此能在一定程度上打造出长远的地区品牌，以不断吸引到更多的投资、新兴产业和创新人才。

3.2　西部十省份创新人才聚集效应的影响因素

3.2.1　政府因素

在西部地区创新人才聚集效应的形成过程中，政府的定位主要体现为制度创新、管理创新和文化创新。政府作为区域宏观政策的制定者，其出台的人才制度、资本制度、技术发展制度等是一个区域发展的最为重要的决定力量。其中，西部地区发展的持续性取决于创新人才资源是否丰富。政府制定人才制度，担负着吸引人才向该区域汇聚的重任。此外，资本决定了西部地区各个体系运行的流畅性。作为西部地区部分资金投入者以及资本运作制度的制定者，政府需要承担资本运作的风险性，同时，也要提升资本运行的效率性。对于一个区域而言，技术创新竞争力是其不断发展的关键，政府虽然不作为技术开发者，但其在技术发展制度方面有着不可替代的宏观调控作用。一方面，政府可以利用技术扶持制度去鼓励具有竞争力的创新企业；另一方面，政府也可以利用技术法规去限制或禁止落后、淘汰技术。组织创新是政府发挥管理创新功能的首要体现，因为精简有效的组织能有力地推进区域的发展。为了充分发挥政府区域管理的功能，还应从管理方式上去创新，这样才能提高政府行政管理的能力和效率，以推进区域各项事务的运行。社会文化是区域发展的灵魂，渗透社会发展的方方面面，对于政府而言，需要加强文化创新能力的培育，提高人们的文化自觉意识。

3.2.2 企业因素

在西部地区创新人才聚集效应的形成过程中，企业的定位主要体现为制度创新、管理创新、技术创新和文化创新。不同于政府制度创新，企业制度创新功能专注于区域创新体系中的微观方向，主要体现为建立和完善与现代企业制度和企业发展相适应的企业产权制度、经营与管理制度等，其核心功能是建立创新激励与约束机制。企业管理创新主要是指企业需要根据市场和竞争的变化，对传统的经营管理模式及方法进行改进、革新，以实现更有效的资源整合，达到企业发展及产业壮大的目标。企业技术创新功能的发挥主要有发明型、实用型、外观型的技术研发，也包括技术成果的商品化、产业化扩散过程，这是区域发展的基础之一。对于企业而言，企业文化是在长期经营过程中逐步生成和发育起来的日趋稳定的独特的价值观、精神等。通过文化的创新，企业可以有效地解决经济增长过程中出现的相关问题。

3.2.3 高校及科研机构因素

在西部地区创新人才聚集效应的形成过程中，高校及科研机构的定位主要体现为制度创新、管理创新、技术创新和文化创新。与政府制度创新相比，高校及科研机构的制度创新功能专注于微观方面，主要是建立完善的高校及科研院所制度体系。管理创新主要是为了确保高校及科研机构的科技资源得到合理分配和高效利用，以便促进其发挥技术创新核心功能，主要包括项目决策管理、科研项目申报与验收管理、科研人才绩效管理、技术成果商业化管理等。相对企业的技术创新功能，高校和科研院所的技术创新更专注于基础研究、实验开发、设计测试等原始性技术创新功能。

一般来说，依靠自身技术资源的自主创新、在技术引进基础上的模仿创新、多方共同参与的合作创新是高校和科研院所技术创新的主要模式。高校及科研机构文化包含了物质文化、精神文化、制度文化，对于先进文化的积淀、发展和传承具有重要作用。

3.2.4　其他组织机构因素

其他组织或机构主要是指行业协会、非营利性组织等。在西部地区创新人才聚集效应的形成过程中，其他组织或机构的定位主要体现为制度创新、管理创新、技术创新及文化创新。

在创新人才聚集效应形成过程中，政府、企业、高校及科研机构、其他组织等主体各自所擅长的功能并不相同，为此，可以通过信息流、资金流、技术流、人才流等加强资源依赖、提升规模效益来进行。(1) 当各主体自身缺乏某种资源且市场中又难以获得时，就会寻求与其他主体合作，通过交换获得所需资源，由此产生多个组织共同构成的综合体，这就是资源依赖。政府、企业、高校及科研机构、其他组织等主体拥有的优势资源各不相同，主体间为了规避各自资源缺乏的限制，需要产生资源依赖，以形成资源相互协同的联盟体。(2) 政府、企业、高校及科研机构、其他组织等主体在条块分割的状态下进行专有资源的积累，使其在各自的领域内具有优势，而进入另一领域时则显示出劣势，但是主体通过相互协同可以扩大原有资源的规模，并对资源进行统一优化配置，提升边际收益进而扩大规模效益。在西部地区创新人才聚集效应的形成过程中，政府、企业、高校及科研机构、其他组织等主体通过协同与交流，进行资源互补、知识共享、技术转移、共担风险、同享收益，从而最终实现西部地区创新人才聚集效应的提升。

3.2.5　产业聚集因素

产业聚集与人才聚集的思想最早可以追溯到17世纪。随着经济的不断发展，产业中心逐渐由有形财物的生产转向无形的服务性产品的生产，工业比农业、商业比工业的利润要多，因此，劳动力必然由农转工而后再由工转商。20 世纪 40 年代，美国经济学约翰·贝茨·克拉克（John Bates Clark）在对产业进行分类时发现，随着经济的发展，就业结构的中心从第一产业向第二产业再向第三产业转移。因此，地区的产业结构是吸引人才聚集的重要原因。克鲁格曼（Krugman）在解释区域产业聚集以至形成核心外围模型的原因时认为，与物质资本一样，人力资本也受到产业聚集等因素的重要影响，通过流动产生空间上的聚集。泰勒（Taylor）认为，人才聚集能够培育产业、企业家能力和有利的商业环境，进而进一步促进人才聚集。

我国学者就产业聚集对人才聚集的影响也进行了深入的研究。例如，张玉兰（2017）概括分析了人才聚集的原因为产业带动规律引起的人才流动，随着产业由第一产业向第二产业再向第三产业转移，劳动力也由第一产业流向第二和第三产业。李刚等（2009）在对人才聚集现象和人才聚集效应进行简要说明的基础上，分析了人才聚集与产业聚集之间的互动关系，认为产业聚集与人才聚集现象是相互催生、相互驱动的经济关系，人才聚集对产业聚集有反馈作用。张西奎等（2007）认为，人才的生产要素性质是人才聚集的内在原因，而较高的纯利益是人才聚集的外在原因，产业集群提供了大量工作机会、较高的收入和较好的人才成长性。刘思峰等（2005）通过探索区域经济持续发展的内在机理，提出区域经济持续发展与创新人才聚集之间存在着良性互动关系，而正是这种关系，构成了区域经济稳步发展的助推器，从而把人才的聚集现象与产业聚集联系了起来。孙健、尤雯（2008）通过实例研究了产业聚集和人才聚集的共生效应和乘数效应，结果表明，专业人才聚集会加速该产业的聚集速度，进而引起产业结构和人才结构的变化。张樨樨（2010）从经济学的视角分析产业聚集与人才聚集的关系，认为在产业聚集过程中，产业结构发生相应的变化，并通过工资等信号引发人才的聚集和人才结构的调整。

产业经济增长来源于物质资本和人力资本的综合作用，产业聚集现象与人才聚集现象往往同时出现。产业聚集是高强度的规模经济，专业化分工的聚集水平较高，与之伴生的人才聚集现象大多呈现出同类人才高度聚集的现象。从前因上看，产业集群中存在的大量机会和较高的薪酬水平是产生产业集群人才集聚的主要原因；从结果上看，产业集群的形成过程总是伴随着人才的聚集。

3.2.6　环境因素

一般而言，个人对于环境的抵御和影响力是十分有限的，而环境对于个人却有着某种很强的影响。影响人才聚集的环境是多元的，既有宏观环境，又有微观环境；既包括经济环境，又包括社会环境。人才往往采取脱离较差环境、进入较好环境这一最简便、最经济的办法来与环境力量抗争，力图选择最适合自身特点与愿望的生活工作环境。英国经济学家约翰·理查德（John Richard，1987）认为，区域间的经济利益差异，其中工资差异是劳动力迁移流动的首要原因，并提出了人才聚集的主要的向心力，包括知识的溢出效应、地方公共货物的供应、内部规模经济、外部规模经济、地方政府政策和工资水平。理查德·佛罗里达（Richard Florida，1979）认为，环境是提高区域经济竞争力和生活质量的重要资源，是新经济时代吸引人才的先决条件。其研究表明，人才聚集受到诸多因素的影响，这些因素归结起来可以分为环境因素、人才政策、科技投入等。约翰·门泽（John T Mentzer，1988）认为，人才聚集在不同的历史阶段是受到不同因素影响的，随着现代化进程以及人们自身需求的变化，导致人才受到影响的因素越来越多，大部分人才聚集受到环境、福利待遇等因素的影响。弗伦岑（Frenzen，1993）则认为，除了福利待遇等因素以外，人力聚集还受到人才聚集地对科技成果的认可程度、人力投入等因素相关。夏皮罗（Shapiro，1976）对 1940 ~ 1990 年的人力资本存量和人力资本的流入关系进行分析，认为人力资本水平高的地区引发高人力资本的流入，有 60% 是因为人力资本聚集产生的生产率的提高，其余是因为生活质量的提高。

我国学者朱杏珍（2012）在分析人才聚集过程中的“羊群行为”的基础上，指出宏观层面的人口政策、户籍制度、物价水平、财政预算等，微观层面的区域发展政策、人居环境的建设、企业用人理念、市民对外来文化的包容性等不对称信息都导致了人才聚集。查奇芬等（2011）通过对江苏13个城市的人才引力进行了实证研究，指出地区经济实力、生存生态环境、人才发展环境和发展空间等都是吸引人才的基本条件。孙健（2010）研究了亚洲四小龙、马来西亚等国家和地区的人才聚集策略，结果表明，改善环境是聚集人才的重要策略。李刚、牛芳（2009）则认为，人才交易成本降低、信息成本降低、科研教育水平提高、人才聚集效应反馈作用四个方面因素是导致人才向某地区聚集的原因。牛冲槐等（2014）以科技型人才为研究对象，认为科技型人才聚集主要受到科技人才政策、科技投入政策、科技人才开发、科技成果评价和科技成果转化政策五个方面的影响。吴殿廷、陈向玲（2013）以两院院士为例的实证研究表明，地方社会进步对高级科技人才空间聚集有着显著的影响。土畚、杨波（2010）基于北京地区的实证研究表明，科技人力资源区域聚集影响因素主要包括宏观层面的经济发展水平、教育发展水平和人文环境等，中观层面的高校的知名度、科研机构的知名度及企业的知名度等，微观层面的心理因素、个人发展因素、家庭因素等。包惠等（2014）通过因子分析得出，人才市场环境、人才创业环境和人才经济发展环境三个子环境及其决定因素的变化是影响人才集聚的主要因素。

在西部地区创新人才聚集效应的形成过程中，涉及的环境因素复杂多样。在影响西部地区创新人才聚集效应形成过程的诸多因素中，不仅包含宏观层面的区域经济、政治、自然环境因素，还包含体现企业或单位薪酬、领导风格、管理水平的中观层面因素及创新人才个人的归属感、职业规划、偏好等微观层面因素。如相关学者提出，人才聚集环境是影响人才聚集效应的关键因素，具体包括了政治环境、经济环境、组织环境、科技创新环境、教育环境、社会文化环境、自然地理环境、人才政策环境等。

为了能较为有效、更有针对性地研究西部各地区创新人才聚集效应的影响因素，本书仅针对区域层面的宏观因素进行分析，主要原因包括以下三个方面：第一，中观层面因素和微观层面因素涉及内容繁杂、庞大，外部效度有待商榷；第二，现有关于人才聚集、人才聚集效应的研究文献所持的也大多是宏观层面的观点，从具体的企业、个人出发研究人才聚集效应影响因素的文献较少；第三，根据美国心理学家勒温的场论，一个人所取得的各种工作成绩取决于自身能力和拥有的各种条件，尤其是人才所处的外部环境的影响是无法忽视的。

综合上述考虑，本书认为，社会生活因素、教育科技因素、经济发展因素、人才服务因素、人文文化因素五个方面的主要影响因素通过耦合，不断吸引创新人才，从而形成创新人才聚集效应。

3.3　西部十省份创新人才聚集效应形成的系统过程

保障人才有效供给是促进人才聚集的第一要务。西部十省份要实现人才聚集、构筑人才高地，必须改变落后的思维方式，以全面深化改革为动力，遵循人才聚集的时代规律和新特征，加强顶层设计，坚持先行先试，建立战略导向型、开放竞争型、环境激励型的人才机制。在区域内形成战略战术上、制度上、环境上的比较优势，有效加快人才聚集进程，以一个个先行先试的人才小高地，最终形成人才聚集环境。

创新人才聚集产生的效应并不仅仅直接作用于西部地区。对于西部地区而言，在复杂的环境中，创新人才这一创新主体形成的非线性多元集合会慢慢成为关键资源，从而凸显人才聚集效应。西部地区创新人才聚集到一定规模和程度之后，在相互沟通、信息交流、知识共享的基础上，通过知识转让、共同研发等集体学习方式，提升西部地区的创新开放和交互力度，通过形成创新网络，继而提升地区品牌，实现西部地区创新人才聚集效应。

在系统分析西部十省份创新人才聚集效应形成的内涵、影响因素和具体内容的基础上，本书构建了西部地区创新人才聚集效应形成的系统过程。

首先，积极发挥政府、企业、高校及科研机构、其他组织等主体在西部地区创新人才聚集效应形成中的主导因素。借助信息流、资金流、技术流、人才流的协同与交流，不同主体能实现制度创新、管理创新、技术创新及文化创新功能，从而促进不同主体间的资源互补、知识共享、技术转移、共担风险等，推动社会生活因素、教育科技因素、经济发展因素、人才服务因素、人文文化因素的改善。

其次，西部地区创新人才聚集效应形成的环境因素包括了五个方面的因素，分别是社会生活因素、教育科技因素、经济发展因素、人才服务因素、人文文化因素，而且这些影响因素之间存在耦合作用。因此，在系统分析各个因素的基础上，做好因素之间的整合，更好地服务于西部十省份创新人才的聚集。

最后，在系统分析社会生活因素、教育科技因素、经济发展因素、人才服务因素、人文文化因素五大因素的基础上，定位出西部地区人才聚集效应的主要内容，分别是创新网络效应、集体学习效应、知识共享效应、规模效应、地区品牌效应五个部分，只有这五个部分的相互作用，西部地区创新人才聚集效应才能得到最终实现形成。

在区域协同发展战略的实施过程中，在西部大开发战略的推进过程中，对于区域人才、经济、技术、社会环境等的发展而言，作为区域宏观政策制定者的政府，起到至关重要的作用。对于西部地区来说，创新人才聚集效应的形成不仅仅需要人才政策、制度的出台和完善，同时，还需要良好的经济发展水平、适宜的生活环境、先进的教育科技水平的支持。为此，政府在社会生活、教育科技、经济发展、人才服务等方面都需要进行宏观调控。

对于西部地区而言，作为一种独特社会生产要素的创新人才，其聚集在西部地区才能改变该区域的人才存量与结构，并产生出不同于个体独立活动时的创新人才聚集效应，最终人才聚集效应能引发一系列良好效果。

(1) 降低创新人才交易成本。创新人才聚集效应产生的前提是创新人才聚集达到一定规模并产生创新人才聚集效应现象，而创新人才聚集效应现象产生了质变之后才会出现创新人才聚集效应。由此，在创新人才聚集量变转化为质变的过程中，创新人才交易和使用的成本就降低了，而且创新人才也可以通过较低的成本获取就业机会。此外，该聚集区的创新人才存量也得到了提升，人力资本水平和劳动者素质得到了提高，出现了广义人口红利。

（2）提高创新人才竞争力。创新人才聚集能为一个区域不断注入新生力量，通过知识的扩散与共享，提升区域内部知识的规模性、先进性、增长性，提高该区域的创新能力，而且有利于形成优胜劣汰的竞争机制，不断激励该区域的创新人才奋发向上。具体来看，创新人才聚集在一起之后，会通过协同发展、相互协作、细化分工、信息共享、资源整合等机制共同作用，有利于知识和技术的溢出，从而有利于创新人才之间的相互学习和创新能力的不断提升。

（3）推进高技术产业化进程。知识的重要载体就是人才，创新人才聚集之后，创新知识丰富、创新需求涌现，从而不断推动该区域知识密集型和技术密集型产业的发展壮大，不断优化升级高技术产业。而且，创新人才在某一区域聚集，其聚集区内可以形成大量流动的知识、信息，从而能推动知识、技术、信息交流网络的形成。一方面，有利于降低聚集区内企业间技术创新扩散的交易成本，加速企业间、人才间技术创新规模的扩大，促进聚集区技术创新能力的不断提升；另一方面，对于聚集区域的企业和人才而言，强大的知识、技术、信息网络意味着更好的交流平台、更多的传播渠道，能不断提升聚集区域企业技术创新能力的提升。

3.4　本章小结

本章主要进行西部十省份创新人才聚集效应的形成过程研究。在分析创新人才聚集效应的主要内涵的基础上，介绍了创新人才聚集效应的模式和载体，得出西部十省份创新人才聚集效应研究的主要影响因素和具体的影响内容，在分析西部十省份创新人才聚集效应的影响因素后，设计出西部十省份创新人才聚集效应形成的系统过程。

第一，在介绍创新人才聚集效应的主要内涵的基础上，分析创新人才聚集效应的模式和载体，得出西部十省份创新人才聚集效应研究的主要影响因素，分别是社会生活因素、教育科技因素、经济发展因素、人才服务因素、人文文化因素。

第二，分析西部十省份创新人才聚集效应形成的五大因素，分别是社会生活因素、教育科技因素、经济发展因素、人才服务因素、人文文化因素，在此基础上，提出了西部地区创新人才聚集效应的形成基础，分别包括五大子效应——规模效应、知识共享效应、集体学习效应、创新网络效应、地区品牌效应，而且，这些子效应之间也具有一定的相互关系，相互之间存在耦合作用。因此，在系统分析各因素的基础上，做好因素之间的整合，以更好地服务于西部十省份创新人才的聚集。

第三，在系统分析社会生活因素、教育科技因素、经济发展因素、人才服务因素、人文文化因素五大因素的基础上，定位出西部地区人才聚集效应的主要内容，分别是创新网络效应、集体学习效应、知识共享效应、规模效应、地区品牌效应五个部分，只有这五个部分的相互作用，西部地区创新人才聚集效应才能得以最终实现。

第4章　西部十省份创新人才聚集效应评价的指标体系构建

4.1　初始指标体系的构建

经过第3章对西部地区创新人才聚集效应形成路径的研究可知，西部地区创新人才聚集效应的子系统共涉及五大部分，分别是规模效应、知识共享效应、集体学习效应、创新网络效应及地区品牌效应。结合薛晔、穆晓霞、牛冲槐、赵欣等国内学者先期较为成熟的研究成果，进一步设计五大维度的具体测度指标。需要注意的是，西部地区创新人才聚集效应的初始评价指标体系的设计还遵循了以下原则。

第一，科学性原则。科学性原则是指决策活动必须在决策科学理论的指导下，遵循科学决策的程序，运用科学思维方法来进行决策的决策行为准则。科学决策是相对于经验决策而言的，它的主要标志是：信息全面、迅速、准确；预测科学、及时、正确；方向对头、目标明确；方案齐全，相互独立；论证充分，分析恰当；实施步骤清晰、有度；责任明确，要求具体；调控得当，反馈及时。科学决策的特点是准确、严细、客观、可靠，适用于解决多变量、大系统的各种新问题。现代社会发展规模越来越大，变化越来越快，影响越来越广，以前没有遇到过的新情况、新问题层出不穷，经济、科技发展的一体化，要求决策过程中必须遵循科学性原则。决策要达到科学性，必须注意以下问题：（1）决策体制科学化；（2）决策过程程序化；（3）决策程序科学化；（4）决策者素质现代化。科学性原则主要体现为理论和实践的结合方面。本书依托相关理论，结合现有较为成熟的、权威的研究结果，同时，立足于西部地区的实际，选择那些能够代表西部地区客观情况的评价指标，并尽量减少主观判断的影响。本书指标建立主要以具有权威性的统计指标为主，这些指标大多能直接在《中国统计年鉴》《中国科技统计年鉴》《中国劳动统计年鉴》上查阅得到，由此确保了指标选取的科学性和客观性。

第二，全面性原则。西部地区创新人才聚集效应的评价是一个较为复杂的问题，不仅要考虑西部地区创新人才聚集效应的途径与方式，还要考虑其聚集之后所产生的相互影响作用。因此，西部地区创新人才聚集效应的评价指标体系必须遵循全面性的原则。

第三，典型性原则。在构建评价指标的过程中，必须要考虑指标之间相互关联性，避免有相互内在联系的若干指标出现很强的系统性，从而降低了指标的针对性。因此，在构建评价指标时，应当选取具有很强代表性的指标。

第四，可操作性原则。可操作性原则主要体现在两个方面：一是指标的简化性。评价指标体系要繁简适中，计算评价方法要简便易行。二是指标数据的易获取性。指标数据要易于采集，获取渠道要可靠。

本书形成的西部地区创新人才聚集效应的初始评价指标体系见表4－1。

表4－1　　西部地区创新人才聚集效应的初始评价指标体系

一级指标	二级指标	三级指标
西部地区创新人才聚集效应	规模效应（A1）	高技术企业个数（A1－1）
		科技机构R&D人员数（A1－2）
		R&D人员全时当量（A1－3）
	知识共享效应（A2）	公开讲座/展览活动数（A2－1）
		规模以上工业企业R&D项目数（A2－2）
		规模以上工业企业新产品开发项目数（A2－3）
		图书期刊报纸出版总印数（A2－4）
		公共图书馆拥有量（A2－5）
		人均拥有公共图书馆藏量（A2－6）

续表

一级指标	二级指标	三级指标
西部地区创新人才聚集效应	集体学习效应（A3）	高校研究与试验发展机构数（A3－1）
		国内外发表科技论文数（A3－2）
		国外主要检索工具收录科技论文数（A3－3）
		拥有高级职业技能证书人数（A3－4）
	创新网络效应（A4）	有效发明专利数（A4－1）
		国家产业化计划项目数（A4－2）
		高技术产业当年价总产值（A4－3）
		人力资本投资占 GDP 比重（A4－4）
	地区品牌效应（A5）	创新人才引进数量增长率（A5－1）
		人均最终消费支出水平（A5－2）
		人均地区生产总值（A5－3）
		第三产业占 GDP 比重（A5－4）

注：括号中的英文及数字表示该项测量指标的序号，用于后期的问卷调查及数据分析。

4.2　评价指标体系的检验与完善

4.2.1　检验内容

由于初始评价指标体系可能与西部地区的实际情况不一，有些指标可能会出现不符合实际、指标间重复、不具操作性等缺点，所以还需要对初始评价指标体系进行完善处理。

本书通过当面发放调查问卷的形式，进行初始评价指标体系的处理，选择陕西、甘肃、宁夏、青海、新疆、西藏、云南、贵州、四川和重庆等 10 个西部地区省份，其中，每个省份各选择 20 名被调查对象，共 200 名对象。这些调查对象包括 50 名高校学者、50 名企业的工作人员、100 名人才市场工作人员。在这些调查对象中，50 名高校学者都是创新人才，而企业的工作人员和人才市场工作人员，其本身虽然不是创新人才，但是具体的工作都与创新人才息息相关，都需要为创新人才进行服务、满足其需求。因此，从创新人才本身及与之有紧密关系的诸多人群出发，能对此问题有较好的、全面的认识，得出的结果更有代表性。

对于初始评价指标体系的检验，分别进行个体检验和整体检验。

（1）个体检验。评价指标的个体检验是指检验每个评价指标的可行性和正确性。可行性是指该评价指标的数值能否获得；正确性是指该评价指标的计算方法、计算范围及计算内容是否正确。

（2）整体检验。评价指标体系的整体检验是指检验评价指标的完整性和重要性。前者是指评价指标系统是否已经全面、毫无遗漏地反映最初描述的评价目的与任务；后者是指剔除对评价结果无关紧要的或存在内容重复的指标。假设三级指标共有 M 个、被调查者共有 P 个，则整体检验的计算内容需要包括以下三个部分。

第一，集中程度。具体计算公式为：

$$\bar{E}_i = \frac{1}{P}\sum_{j}^{5} E_i n_{ij} (i = 1, \cdots, M) \qquad (4-1)$$

其中，$\bar{E}_i$ 为第 i 个指标被调查者意见的集中程度；E_i 为第 i 个指标重要程度的量值，j=1，2，3，4，5，分别对应问卷中的“一点都不重要”“不重要”“一般”“较为重要”“极为重要”；n_{ij}是对第 i 个指标评为第 j 级重要程度的被调查者人数。

第二，离散程度。具体计算公式为：

$$\delta_i = \sqrt{\frac{1}{P-1}\sum_{j}^{5} n_{ij}(E_i - \bar{E}_i)^2} (i = 1, \cdots, M) \qquad (4-2)$$

其中，δ_i 是被调查者对第 i 个指标重要程度评价的分散程度，是衡量重要性分散程度的尺度。如果被调查者对该指标重要程度的评价比较集中，则 δ_i 较小；反之，则表明重要性程度评价较为分散，δ_i 较大。

第三，协调程度。具体计算公式为：

$$V_i = \frac{\delta_i}{\bar{E}_i} (i = 1, \cdots, M) \qquad (4-3)$$

其中，V_i 代表变异系数；$\bar{E}_i$ 越大，表明被调查者认为该指标越重要；δ_i 越小，表明被调查者对该指标的评价越集中。但是，$\bar{E}_i$ 和 δ_i 两者的结果可能会出现不一致，因此，用变异系数 V_i 判定，$\bar{E}_i$ 越大、V_i 越小，该指标越重要。

按照问卷编制的具体原则形成《西部地区创新人才聚集效应的初始评价指标体系调查问卷》，让 200 名被调查对象就各项初始指标的重要性程度进行比较打分，具体的指标体系见附录 A。

问卷题目分为封闭式和开放式两种，前者考察被调查者对每个评价指标的感受，设计 5 个选项（1 为“一点都不重要”、2 为“不重要”、3 为“一般”、4 为“较为重要”、5 为“极为重要”）；后者收集被调查者对这一问题更多的观点和想法。

4.2.2　计算结果

通过收集 200 名被调查者对 21 个指标的具体打分，根据式（4－1）~式（4－3），得到各指标的重要性程度检验（见表 4－2）。其中，三级指标共有 21 个，被调查者共有 200 名。

以 A1－1“高技术企业个数”为例，该指标的集中程度为：

$$\bar{E}_i = \frac{1}{P}\sum_{j}^{5} E_i n_{ij} = \frac{1}{200}\sum_{j}^{5} E_i n_{ij}$$

$$= \frac{49 \times 5 + 98 \times 4 + 30 \times 3 + 21 \times 2 + 2 \times 1}{200} = 3.855$$

离散程度为：

$$\delta_i = \sqrt{\frac{1}{P-1}\sum_{j}^{5} n_{ij}\,(E_i - \bar{E}_i)^2} = \sqrt{\frac{1}{199}\sum_{j}^{5} n_{ij}\,(E_i - \bar{E}_i)^2}$$

$$= \sqrt{\frac{49 \times (5-3.85)^2 + 98 \times (4-3.85)^2 + 30 \times (3-3.85)^2 + 21 \times (2-3.85)^2 + 2 \times (1-3.85)^2}{199}}$$

$$= 0.943$$

协调程度为：

$$V_i = \frac{\delta_i}{\bar{E}_i} = \frac{0.943}{3.855} = 0.245$$

同理，经过计算，各评价指标的重要性程度检验见表 4－2。

表4-2　　各评价指标的重要性程度检验

序号	三级指标	各重要程度选择人数					$\bar{E}_i$	δ_i	V_i
		极为重要（5）	较为重要（4）	一般（3）	不重要（2）	极不重要（1）			
A1-1	高技术企业个数	49	98	30	21	2	3.855	0.943	0.245
A1-2	科技机构R&D人员数	40	87	37	25	11	3.600	1.107	0.308
A1-3	R&D人员全时当量	37	101	36	17	9	3.700	1.013	0.274
A2-1	公开讲座/展览活动数目数	71	64	37	20	8	3.850	1.133	0.294
A2-2	规模以上工业企业R&D项目数	39	77	45	29	10	3.530	1.111	0.315
A2-3	规模以上工业企业新产品开发项目数	61	74	30	28	7	3.770	1.133	0.301
A2-4	图书期刊报纸出版总印数	21	44	57	67	11	2.985	1.096	0.367
A2-5	公共图书馆拥有量	11	17	51	87	34	2.420	1.044	0.431
A2-6	人均拥有公共图书馆藏量	21	40	47	67	25	2.825	1.096	0.388
A3-1	高校研究与试验发展机构数	59	87	27	24	3	3.875	1.017	0.262
A3-2	国内外发表科技论文数	87	74	18	17	4	4.115	1.018	0.247
A3-3	国外主要检索工具收录科技论文数	101	57	24	17	1	4.200	0.987	0.235
A3-4	拥有高级职业技能证书人数	11	37	47	90	15	2.695	1.044	0.387
A4-1	有效发明专利数	64	97	21	11	7	4.000	0.983	0.246
A4-2	国家产业化计划项目数	98	74	17	9	2	4.285	0.876	0.204
A4-3	高技术产业当年价总产值	66	57	58	14	5	3.825	1.049	0.274
A4-4	人力资本投资占GDP比重	15	31	76	65	13	2.850	1.096	0.385
A5-1	创新人才引进数量增长率	50	47	87	11	5	3.630	0.999	0.275
A5-2	人均最终消费支出水平	41	39	58	48	14	3.225	1.221	0.379
A5-3	人均地区生产总值（A5-3）	15	17	34	87	47	2.330	1.148	0.493
A5-4	第三产业占GDP比重（A5-4）	18	30	56	42	54	2.580	1.277	0.495

根据表4-2的计算结果，重要性程度较高的指标应该是$\bar{E}_i > 3.000$，且同时δ_i、V_i相对较少的指标。另外，A2-4、A2-5、A2-6、A3-4、A4-4、A5-3、A5-4共计7个指标的$\bar{E}_i < 3.000$或δ_i、V_i相对较大，所以将这7个评价指标删除，得出西部地区创新人才聚集效应的正式评价指标体系（见表4-3）。

表4－3　　　西部地区创新人才聚集效应的正式评价指标体系

一级指标	二级指标	三级指标	单位
西部地区创新人才聚集效应	规模效应（A1）	高技术企业个数（X1）	个
		科技机构 R&D 人员数（X2）	人
		R&D 人员全时当量（X3）	人年
	知识共享效应（A2）	公开讲座/展览活动数（X4）	个
		规模以上工业企业 R&D 项目数（X5）	个
		规模以上工业企业新产品开发项目数（X6）	个
	集体学习效应（A3）	高校研究与试验发展机构数（X7）	个
		国内外发表科技论文数（X8）	篇
		国外主要检索工具收录科技论文数（X9）	篇
	创新网络效应（A4）	有效发明专利数（X10）	项
		国家产业化计划项目数（X11）	项
		高技术产业当年价总产值（X12）	亿元
	地区品牌效应（A5）	创新人才引进数量增长率（X13）	%
		人均最终消费支出水平（X14）	元

注：括号中的英文及数字表示该项测量指标的序号，用于下面的计算。

4.3　评价指标体系的释义

由表4－3可知，西部地区创新人才聚集效应的评价指标体系的二级指标有五个，分别是规模效应、知识共享效应、集体学习效应、创新网络效应、地区品牌效应。每个二级指标下面包含若干三级指标。本书对每个二级指标进行详细解释。

4.3.1　规模效应

宏观上，规模经济指一个经济体（通常为一个国家）用人类发展指数、社会发展指数、社会福利指数、人民幸福感指数来综合衡量的经济发展程度。微观上，规模经济指用产品、企业、产业附加值、综合效益等来衡量的发展指数。规模经济也指规模经济效益，即通过一定的经济规模形成的产业链的完整性、资源配置与再生效率的提高带来的企业边际效益的增加。创新人才聚集效应产生的最基本条件就是创新人才的聚集规模，其包括数量和质量两方面。高技术企业的个数、科技机构 R&D 人员数、R&D 人员全时当量为该项指标的具体内容。

4.3.2 知识共享效应

知识共享是指员工彼此之间相互交流的知识，使知识由个人的经验扩散到组织的层面。这样在组织内部，员工可以通过查询组织知识获得解决问题的方法和工具。反过来，员工好的方法和工具通过反馈系统可以扩散到组织知识里，让更多的员工来使用，从而提高组织的效率。汉森（Hansen）等认为，根据个人知识不同的交流方式，组织知识的共享可以分为两种：编码化方法和个人化方法。

编码化方法：指组织通过内部的管理机制和沟通渠道，将个人知识复制成较为显性的知识表现方式，如工作流程，或进一步表达成数据库的形式。这种方法中，信息技术将发挥重要的作用，用以存储编码化的信息。作为一种员工与知识进行交流的工具，编码化方法的基本思想是将解决问题所需的知识标准化。

各个组织都或多或少地利用了知识编码方法来提高效率，而方便员工使用的知识编码体系是编码化知识共享成功的基础。在编码化的方法中，知识共享的编码体系可以有两种形式：工作流程和数据库。组织可以根据知识的可编码程度，以及知识本身的性质，将知识编码成工作流程或数据库的形式。编码化的工作流程将知识嵌入组织的业务流程、信息流程等，将工作流程编码化、规范化甚至标准化。而数据库形式是最显性的表达知识的方法，知识通过编码进入数据库后，就可以方便地被其他组织内部成员使用。

个人化方法：指将没有掌握某种知识的人和掌握该知识的人紧密地联系在一起，知识的共享主要通过人与人之间的直接交流。如处理战略性课题时，由于问题本身复杂又不具有重复性，通过咨询专家之间的交流有助于提高效率。实施个人化方法的基本思想是根据要求，将具有不同领域知识的人组成一个团队，通过团队成员间的相互交流解决问题。

根据个人之间的交流方式的不同，将个人化方法分为两种：人—人和人—连接—人。人—人方式指个人之间直接进行交流，面对面或者通过电子邮件等媒介实现信息共享。这种方法适用于个人之间比较了解，可以直接确定谁对某个领域比较熟悉的情况。人—连接—人方式指个人之间通过一种连接工具进行接触，如一张记录所有专家的研究领域的列表，还可以是一个联络小组，专门负责帮助组织内部员工寻找所需求的专家。

创新人才聚集会产生信息溢出并导致知识共享，其包含的三级指标包括公开讲座/展览活动数、规模以上工业企业 R&D 项目数、规模以上工业企业新产品开发项目数。

4.3.3　集体学习效应

当今社会，随着知识经济时代的到来，各种知识、技术不断推陈出新，竞争日趋紧张激烈，社会需求越来越多样化，使人们在工作学习中所面临的情况和环境极其复杂。在很多情况下，单靠个人能力已很难完全处理各种错综复杂的问题并采取切实高效的行动。所有这些都需要人们组成团体，并要求组织成员之间进一步相互依赖、相互关联、共同合作，建立合作团队来解决错综复杂的问题，并进行必要的行动协调，开发团队应变能力和持续的创新能力，依靠团队合作的力量创造奇迹。团队不仅强调个人的工作成果，更强调团队的整体业绩。团队所依赖的不仅是集体讨论和决策以及信息共享和标准强化，它更强调通过成员的共同贡献，能够得到实实在在的集体成果，这个集体成果超过成员个人业绩的总和，即团队大于各部分之和。人们创造集体学习机会的主要原因即是获得更多的知识，以此获得更大程度的开放和交互力度。本书采用集体学习主体的数量和由此带来的产出作为衡量标准，包含的三级指标为高校研究与试验发展机构数、国内外发表科技论文数、国外主要检索工具收录科技论文数。

4.3.4　创新网络效应

信息产品存在着互联的内在需要，因为人们生产和使用它们的目的就是更好地收集和交流信息。这种需求的满足程度与网络的规模密切相关。如果网络中只有少数用户，他们不仅要承担高昂的运营成本，而且只能与数量有限的人交流信息和使用经验。随着用户数量的增加，这种不利于规模经济的情况将不断得到改善，所有用户都可能从网络规模的扩大中获得更大的价值。此时，网络的价值呈几何级数增长。这种情况，即某种产品对一名用户的价值取决于使用该产品的其他用户的数量，在经济学中称为网络外部性，或称网络效应。对于创新人才来说，创新网络效应为他们知识存量的增量提供了条件，其所包含的三级指标为有效发明专利数、国家产业化计划项目数、高技术产业当年价总产值。

4.3.5 地区品牌效应

品牌效应是指由品牌为企业带来效应，它是商业社会中企业价值的延续，在当前品牌先导商业模式中，意味着商品定位、经营模式、消费族群和利润回报。树立企业品牌需要企业有很强的资源统合能力，将企业本质一面通过品牌展示给世人。树立方法包括广告、日常行销、售后服务等。品牌效应是品牌在产品上使用，为品牌使用者所带来效益和影响。品牌是商品经济发展到一定阶级的产物，最初的品牌使用是为了便于识别产品，品牌迅速发展是在近代和现代商品经济高度发达的条件下产生的，其得以迅速发展在于品牌使用给商品生产者带来了巨大的经济和社会效益。对于某一区域而言，创新人才聚集会通过知识共享效应、集体学习效应、创新网络效应最终提升地区品牌效应，其所包含的三级指标为创新人才引进数量增长率、人均最终消费支出水平。

4.4 本章小结

本章主要进行西部十省份创新人才聚集效应评价的指标体系构建，分为三方面的内容：（1）初始指标体系的构建。经过第 3 章的研究可知，西部地区创新人才聚集效应的子系统共涉及五大部分，分别是规模效应、知识共享效应、集体学习效应、创新网络效应及地区品牌效应。结合国内学者先期较为成熟的研究成果，进一步设计五大维度的具体测度指标。(2) 评价指标体系的检验与完善。由于初始评价指标体系可能与西部地区的实际情况不一致，有些指标可能会出现不符合实际、指标间重复、不具操作性等缺点，所以还需要对初始评价指标体系进行完善处理。对于初始评价指标体系的检验，分别进行个体检验和整体检验。个体检验是指检验每个评价指标的可行性和正确性，可行性是指该评价指标的数值能否获得，正确性是指该评价指标的计算方法、计算范围及计算内容是否正确。整体检验是指检验评价指标的完整性和重要性，前者是指评价指标系统是否已经全面、毫无遗漏地反映最初描述的评价目的与任务，后者是指剔除对评价结果无关紧要的或存在内容重复的指标。(3) 评价指标体系的释义。西部地区创新人才聚集效应的评价指标体系的二级指标有五个，分别是规模效应、知识共享效应、集体学习效应、创新网络效应、地区品牌效应。每个二级指标下面包含若干三级指标，本章对每个二级指标进行了详细解释。

第 5 章　西部十省份创新人才聚集效应评价模型的构建

5.1　西部十省份创新人才聚集效应评价模型的构建

5.1.1　相对偏差模糊矩阵法的基本内容

一般而言，在评价过程中，主观因素不可避免，只能尽量消除。为此，在对比分析各种评价方法之后，本书选择相对偏差模糊矩阵法。主要原因是：该法不需要预处理原始数据；消除量纲的同时，能形成成本模糊矩阵；确定各指标的权重所使用的是离散系数法，并最终得到各对象的综合评价值。

设 $A=\begin{pmatrix} a_{11} & \cdots & a_{1j} \\ \vdots & & \vdots \\ a_{i1} & \cdots & a_{ij} \end{pmatrix}$，其中，$a_{ij}$ 为第 j 个省第 i 项指标的值。

第一步：建立理想方案。

$$P = (P_1^0, P_2^0, \cdots, P_m^0)$$

其中，$P_i^0=\begin{cases} \max a_{ij} \\ \min a_{ij} \end{cases}$，当 a_{ij} 为成本型指标时，$P_i^0=\min\{a_{ij}\}$；当 a_{ij} 为效益型指标时，$P_i^0=\max\{a_{ij}\}$。

第二步：建立相对偏差模糊矩阵 C。

$$C = \begin{pmatrix} c_{11} & \cdots & c_{1j} \\ \vdots & & \vdots \\ c_{i1} & \cdots & c_{ij} \end{pmatrix}$$

其中，$c_{ij} = \frac{|a_{ij} - P_i^0|}{\max\{a_{ij}\} - \min\{a_{ij}\}}$。经过转化，指标取值中质量越好的得分越接近0。

第三步：指标权重确定。

离散系数法的计算公式为：

$$V_i = \frac{s_i}{|\bar{x}_i|} \tag{5-1}$$

其中，$s_i = \sqrt{\frac{1}{n-1}\sum_{j=1}^{n}(a_{ij} - \bar{x}_i)^2}$ 是第 i 项指标的标准差。

$$w_i = \frac{v_i}{\sum_{i=1}^{n} v_i} \tag{5-2}$$

第四步：建立综合评价模型。

$$E_j = \sum_{i=1}^{n} w_i c_{ij} \tag{5-3}$$

该矩阵中得分越小说明效应越强，所以，若 $E_k < E_l$，则说明 k 地的创新人才聚集效应要优于 l 地。

5.1.2　西部地区创新人才聚集效应的评价模型

我国西部地区包括陕西、甘肃、宁夏、青海、新疆、西藏、云南、贵州、四川和重庆10个省份，且西部地区创新人才聚集效应的评价指标体系中三级指标共有14项，所以 a_{ij} 代表第 j 个地区第 i 项指标的值，且 $i \in [1, 14]$，$j \in [1, 10]$。

第一步：建立理想方案。

$P = (P_1^0, P_2^0, \cdots, P_m^0) = (P_1^0, P_2^0, \cdots, P_{14}^0)$，由于 $P_i^0 = \begin{cases} \max a_{ij} \\ \min a_{ij} \end{cases}$，当 a_{ij} 为成本型指标时，$P_i^0 = \min\{a_{ij}\}$；当 a_{ij} 为效益型指标时，$P_i^0 = \max\{a_{ij}\}$。

通过查看西部地区创新人才聚集效应的评价指标体系（见表4－3）可知，14个三级指标都为效益型指标，所以 $P_i^0 = \max\{a_{ij}\}$。

第二步：建立相对偏差模糊矩阵 C。

$C = \begin{pmatrix} c_{11} & \cdots & c_{1j} \\ \vdots & & \vdots \\ c_{i1} & \cdots & c_{ij} \end{pmatrix}$ 中，$c_{ij} = \dfrac{|a_{ij} - P_i^0|}{\max\{a_{ij}\} - \min\{a_{ij}\}}$，且经过转化，指标取值中质量越好的得分越接近0。

第三步：指标权重确定。

$V_i = \dfrac{s_i}{|\overline{x_i}|}$ 中，$s_i = \sqrt{\dfrac{1}{n-1}\sum_{j=1}^{n}(a_{ij} - \overline{x_i})^2}$ 是第 i 项指标的标准差，由于西部地区包括10个省份且西部地区创新人才聚集效应的评价指标体系中三级指标共有14项，所以 $i \in [1, 14]$，$j \in [1, 10]$，所以权重为 $w_i = \dfrac{v_i}{\sum_{i=1}^{14} v_i}$。

第四步：建立综合评价模型。

$E_j = \sum_{i=1}^{n} w_i c_{ij}$ 也可简写为 $E_j = \sum_{i=1}^{14} w_i c_{ij}$。

5.1.3 西部地区创新人才聚集效应的具体评价过程

5.1.3.1 数据的收集

此次西部地区创新人才聚集效应的评价指标体系的原始数据来源于《中国统计年鉴（2016）》《中国科技统计年鉴（2016）》及《中国劳动统计年鉴（2016）》。由于2016年的统计数据都为2015年的情况反映，所以本书评价的是2015年西部地区创新人才的聚集效应。

通过查阅统计年鉴，西部地区创新人才聚集效应评价的原始数据见表5－1。

表 5－1　　西部地区创新人才聚集效应评价的原始数据（2015 年）

省份	高技术企业个数（个）	科技机构 R&D 人员数（人）	R&D 人员全时当量（人年）	公开讲座/展览活动数（个）	规模以上工业企业 R&D 项目数（个）	规模以上工业企业新产品开发项目数（个）	高校研究与试验发展机构数（个）	国内外发表科技论文数（篇）	国外主要检索工具收录科技论文数（篇）	有效发明专利数（项）	国家产业化计划项目数（项）	高技术产业当年价总产值（亿元）	创新人才引进数量增长率（%）	人均最终消费支出水平（元）
宁夏（1）	177	25390	16381	43	3017	2503	64	1795	2349	4605	110	435.03	45.1	13401
四川（2）	999	426474	56841	203	6609	6971	109	6697	9793	17601	182	1418.03	43.7	14774
贵州（3）	226	63297	14916	96	1619	1623	59	2063	684	4096	117	402.17	44.9	12876
重庆（4）	561	115688	45129	151	6544	7352	69	3951	5136	6328	128	620.89	47.7	18860
云南（5）	31	5612	5470	79	1125	981	18	485	189	908	49	229.06	44.5	17210
陕西（6）	475	211006	45052	110	4054	4434	92	5296	11392	7506	231	1009.97	40.7	15363
甘肃（7）	124	24873	12578	103	1572	1291	45	4121	3695	1884	130	227.55	49.2	11868
青海（8）	41	4638	1285	49	150	121	12	448	147	271	63	90.20	41.4	15167
西藏（9）	8	1060	43	26	21	16	6	206	16	90	24	11.97	53.8	8756
新疆（10）	42	7464	7188	107	972	924	44	2356	1162	1553	197	386.14	44.7	13684

注：括号中的数字表示该地区的序号，用于下面的计算，下同。
资料来源：《中国统计年鉴（2015）》。

5.1.3.2 模型的运算

按照相对偏差模糊矩阵法的基本步骤进行数据的运算。

第一步：建立理想方案。

$P=(P_1^0,P_2^0,\cdots,P_m^0)=(P_1^0,\ P_2^0,\ \cdots,\ P_{14}^0)$，由于西部地区创新人才聚集效应评价指标体系中 14 个三级指标都为效益型指标，所以 $P_i^0=\max\{a_{ij}\}$，据此可得：

$$\begin{aligned}P&=(P_1^0,P_2^0,\cdots,P_m^0)=(P_1^0,P_2^0,\cdots,P_{14}^0)\\&=(999,426474,56841,203,6609,7352,109,6697,11392,\\&\quad 17601,231,1418.03,53.8,18860)\end{aligned}$$

第二步：建立相对偏差模糊矩阵 C。

由于 $c_{ij}=\dfrac{|a_{ij}-P_i^0|}{\max\{a_{ij}\}-\min\{a_{ij}\}}$，以宁夏为例，其相对偏差模糊矩阵为：

$$\begin{aligned}C_{i,\text{宁夏}}&=(c_{1,1},c_{2,1},\cdots,c_{14,1})\\&=(0.892,0.943,0.712,0.904,0.551,0.661,0.437,0.755,\\&\quad 0.795,0.742,0.585,0.740,0.664,0.540)\end{aligned}$$

同理，可得其他 9 个地区的相对偏差模糊矩阵，分别为：

$$\begin{aligned}C_{i,\text{四川}}&=(c_{1,2},c_{2,2},\cdots,c_{14,2})\\&=(0.000,0.000,0.000,0.000,0.000,0.042,0.000,0.000,\\&\quad 0.141,0.000,0.037,0.000,0.071,0.210)\end{aligned}$$

$$\begin{aligned}C_{i,\text{贵州}}&=(c_{1,3},c_{2,3},\cdots,c_{14,3})\\&=(0.780,0.854,0.738,0.605,0.765,0.781,0.485,0.714,\\&\quad 0.941,0.771,0.551,0.765,0.679,0.592)\end{aligned}$$

$$\begin{aligned}C_{i,\text{重庆}}&=(c_{1,4},c_{2,4},\cdots,c_{14,4})\\&=(0.442,0.731,0.206,0.294,0.010,0.000,0.388,0.423,\\&\quad 0.550,0.644,0.498,0.600,0.466,0.000)\end{aligned}$$

$$\begin{aligned}C_{i,\text{云南}}&=(c_{1,5},c_{2,5},\cdots,c_{14,5})\\&=(0.677,0.909,0.604,0.551,0.741,0.768,0.593,0.657,\\&\quad 0.605,0.883,0.679,0.795,0.610,0.163)\end{aligned}$$

$$C_{i,\text{陕西}}=(c_{1,6},c_{2,6},\cdots,c_{14,6})$$

$$= (0.491, 0.506, 0.208, 0.325, 0.392, 0.198, 0.165, 0.216, 0.000, 0.476, 0.000, 0.307, 1.000, 0.221)$$

$$C_{i,\text{甘肃}} = (c_{1,7}, c_{2,7}, \cdots, c_{14,7}) = (0.883, 0.944, 0.779, 0.565, 0.772, 0.826, 0.621, 0.397, 0.677, 0.898, 0.488, 0.897, 0.351, 0.692)$$

$$C_{i,\text{青海}} = (c_{1,8}, c_{2,8}, \cdots, c_{14,8}) = (0.967, 0.992, 0.978, 0.870, 0.990, 0.986, 0.942, 0.963, 0.988, 0.990, 0.812, 1.000, 0.947, 0.365)$$

$$C_{i,\text{西藏}} = (c_{1,9}, c_{2,9}, \cdots, c_{14,9}) = (1.000, 1.000, 1.000, 1.000, 1.000, 1.000, 0.995, 1.000, 1.000, 1.000, 1.000, 1.000, 1.000, 0.879)$$

$$C_{i,\text{新疆}} = (c_{1,10}, c_{2,10}, \cdots, c_{14,10}) = (0.966, 0.985, 0.874, 0.542, 0.864, 0.876, 0.631, 0.669, 0.899, 0.916, 0.164, 0.777, 0.695, 0.512)$$

第三步：指标权重确定。

以西部地区创新人才聚集效应评价指标体系中的第 1 个三级指标“高技术企业个数（X1）”为例。由 $v_i = \frac{s_i}{|\overline{x_i}|}$ 可知，$v_1 = \frac{s_1}{|\overline{x_1}|} = \frac{70.205}{52.749} = 1.331$。

同理，通过计算可得其余 13 个三级指标的离散系数 v，分别为：

$$v_2 = \frac{s_2}{|\overline{x_2}|} = 1.898, v_3 = \frac{s_3}{|\overline{x_3}|} = 1.006, v_4 = \frac{s_4}{|\overline{x_4}|} = 1.002,$$

$$v_5 = \frac{s_5}{|\overline{x_5}|} = 1.001, v_6 = \frac{s_6}{|\overline{x_6}|} = 1.025, v_7 = \frac{s_7}{|\overline{x_7}|} = 1.012,$$

$$v_8 = \frac{s_8}{|\overline{x_8}|} = 1.344, v_9 = \frac{s_9}{|\overline{x_9}|} = 1.145, v_{10} = \frac{s_{10}}{|\overline{x_{10}}|} = 1.007,$$

$$v_{11} = \frac{s_{11}}{|\overline{x_{11}}|} = 1.169, v_{12} = \frac{s_{12}}{|\overline{x_{12}}|} = 1.018, v_{13} = \frac{s_{13}}{|\overline{x_{13}}|} = 1.009,$$

$$v_{14} = \frac{s_{14}}{|\overline{x_{14}}|} = 1.032$$

由于 $\sum_{i=1}^{14} v_i = 15.999$，所以西部地区创新人才聚集效应评价指标体系中 14 个三级指标的权重分别为：

$$(w_1, w_2, \cdots, w_{14}) = (0.083, 0.119, 0.063, 0.063, 0.063, 0.064, 0.063, 0.084, 0.072, 0.063, 0.073, 0.064, 0.063, 0.065)$$

第四步：建立综合评价模型。

以宁夏为例，由于 $E_j = \sum_{i=1}^{n} w_i c_{ij}$，通过计算可得 $E_1 = \sum_{i=1}^{n} w_i c_{i1} = 0.7270$。

由此可知，宁夏 2015 年的创新人才聚集效应的具体得分为 0.7270，四川、贵州、重庆、云南、陕西、甘肃、青海、西藏、新疆这 9 个省份 2015 年的创新人才聚集效应具体评价结果分别为：

$$(E_2, E_3, \cdots, E_{10}) = (0.0337, 0.7265, 0.4001, 0.6742, 0.3275, 0.7097, 0.9206, 0.9938, 0.7542)$$

5.1.3.3 结果的分析

通过构建西部地区创新人才聚集效应评价指标体系，运用相对模糊偏差矩阵法并收集西部地区 2015 年的相关数据，得出西部地区 2015 年创新人才聚集效应的评价结果，具体见表 5-2 ~ 表 5-4。同时，绘制出西部地区创新人才聚集效应结果图（如图 5-1 所示）。在相对偏差模糊矩阵法中，得分越小说明效应越强，由此可知，若 $E_k < E_l$，则说明 k 地的创新人才聚集效应要优于 l 地。

但是，为了阅读分析方便，本书对 10 个省份创新人才聚集效应的相对偏差模糊矩阵 C 进行逆化处理。

从表 5-2 的评价数据可以得出以下结论。

宁夏各项创新人才聚集效应指标中，除了高校研究与试验发展机构数偏高，规模以上工业企业 R&D 项目数、国家产业化计划项目数和人均最终消费支出水平偏低，创新人才引进数量增长率、规模以上工业企业新产品开发项目数、R&D 人员全时当量、国内外发表科技论文数、国外主要检索工具收录科技论文数和高技术产业当年价总产值为较低，高技术企业个数很低之外，剩余的 2 项要素效应都非常低。

表5－2　**2015年西部地区创新人才聚集效应三级指标要素评价结果**

省份	C1 高技术企业个数	C2 科技机构 R&D 人员数	C3R&D 人员全时当量	C4 公开讲座/展览活动数	C5 规模以上工业企业 R&D 项目数	C6 规模以上工业企业新产品开发项目数	C7 高校研究与试验发展机构数	C8 国内外发表科技论文数	C9 国外主要检索工具收录科技论文数	C10 有效发明专利数	C11 国家产业化计划项目数	C12 高技术产业当年价总产值	C13 创新人才引进数量增长率	C14 人均最终消费支出水平
宁夏	0.1080	0.0570	0.2880	0.0960	0.4490	0.3390	0.5630	0.2450	0.2050	0.2580	0.4150	0.2600	0.3360	0.4600
四川	1.0000	1.0000	1.0000	1.0000	1.0000	0.9580	1.0000	1.0000	0.8590	1.0000	0.9630	1.0000	0.9290	0.7900
贵州	0.2200	0.1460	0.2620	0.3950	0.2350	0.2190	0.5150	0.2860	0.0590	0.2290	0.4490	0.2350	0.3210	0.4080
重庆	0.5580	0.2690	0.7940	0.7060	0.9900	1.0000	0.6120	0.5770	0.4500	0.3560	0.5020	0.4000	0.5340	1.0000
云南	0.3230	0.0910	0.3960	0.4490	0.2590	0.2320	0.4070	0.3430	0.3950	0.1170	0.3210	0.2050	0.3900	0.8370
陕西	0.5090	0.4940	0.7920	0.6750	0.6080	0.8020	0.8350	0.7840	1.0000	0.5240	1.0000	0.6930	1.0000	0.7790
甘肃	0.1170	0.0560	0.2210	0.4350	0.2280	0.1740	0.3790	0.6030	0.3230	0.1020	0.5120	0.1030	0.6490	0.3080
青海	0.0330	0.0080	0.0220	0.1300	0.0100	0.0140	0.0580	0.0370	0.0120	0.0100	0.1880	0.0000	0.0530	0.6350
西藏	0.0000	0.0000	0.0000	0.0000	0.0000	0.0000	0.0050	0.0000	0.0000	0.0000	0.0000	0.0000	0.0000	0.1210
新疆	0.0340	0.0150	0.1260	0.4580	0.1360	0.1240	0.3690	0.3310	0.1010	0.0840	0.8360	0.2230	0.3050	0.4880

注：为了符合阅读习惯，本书进行了逆向处理。

表5－3　**2015年西部地区创新人才聚集效应三级指标要素权重得分**

权重	C1 高技术企业个数	C2 科技机构 R&D 人员数	C3R&D 人员全时当量	C4 公开讲座/展览活动数	C5 规模以上工业企业 R&D 项目数	C6 规模以上工业企业新产品开发项目数	C7 高校研究与试验发展机构数	C8 国内外发表科技论文数	C9 国外主要检索工具收录科技论文数	C10 有效发明专利数	C11 国家产业化计划项目数	C12 高技术产业当年价总产值	C13 创新人才引进数量增长率	C14 人均最终消费支出水平
得分	0.083	0.119	0.063	0.063	0.063	0.064	0.063	0.084	0.072	0.063	0.073	0.064	0.063	0.065

表 5-4　　2015 年西部地区创新人才聚集效应最终结果

省份	整体效应
宁夏	0.2750
四川	0.9683
贵州	0.2756
重庆	0.6019
云南	0.3278
陕西	0.6745
甘肃	0.2923
青海	0.0814
西藏	0.0082
新疆	0.2478

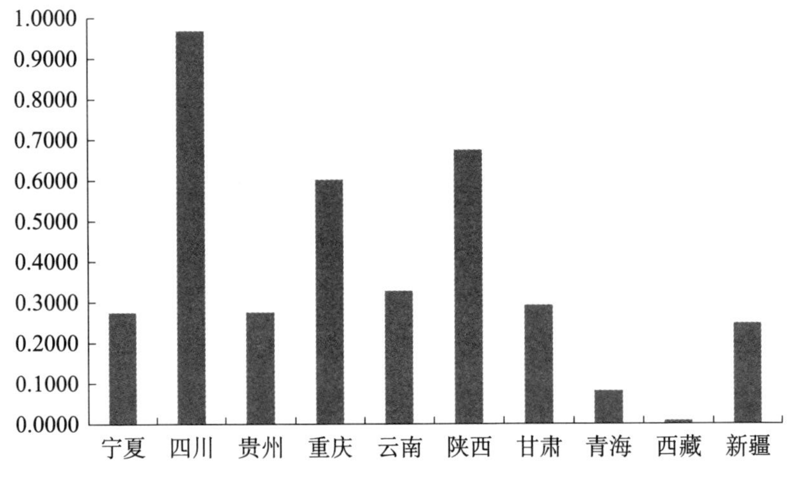

图 5-1　2015 年西部地区创新人才聚集效应的评价结果

四川各项创新人才聚集效应指标中，除了国外主要检索工具收录科技论文数很高，人均最终消费支出水平较高之外，剩余的 12 项要素效应都非常高，均居西部地区第一。

贵州各项创新人才聚集效应指标中，除了高校研究与试验发展机构数偏高，国家产业化计划项目数和人均最终消费支出水平偏低，公开讲座/展览活动数、创新人才引进数量增长率、高技术产业当年价总产值、有效发明专利数、国内外发表科技论文数、规模以上工业企业 R&D 项目数、高校研究与试验发展机构数、高技术企业个数和 R&D 人员全时当量为较低，科技机构 R&D 人员数为很低之外，剩余的 1 项要素效应非常低。

重庆各项创新人才聚集效应指标中，除了规模以上工业企业 R&D 项目数、规模以上工业企业新产品开发项目数和人均最终消费支出水平非常高，R&D 人员全时当量、公开讲座/展览活动数、高校研究与试验发展机构数为较高，高技术企业个数、国内外发表科技论文数、国家产业化计划项目数和创新人才引进数量增长率为偏高，科技机构 R&D 人员数和有效发明专利数为较低之外，剩余的 2 项要素效应偏低。

云南各项创新人才聚集效应指标中，除了人均最终消费支出水平很高，科技机构 R&D 人员数非常低，有效发明专利数很低，高校研究与试验发展机构数和公开讲座/展览活动数偏低之外，剩余的 9 项要素效应都较低。

陕西各项创新人才聚集效应指标中，除了国外主要检索工具收录科技论文数、国家产业化计划项目数和创新人才引进数量增长率非常高，规模以上工业企业新产品开发项目数和高校研究与试验发展机构数很高，高技术企业个数和有效发明专利数为偏高，科技机构 R&D 人员数为偏低之外，剩余的 6 项要素效应都较高。

甘肃各项创新人才聚集效应指标中，除了国内外发表科技论文数和创新人才引进数量增长率较高，国家产业化计划项目数偏高，公开讲座/展览活动数偏低，高技术企业个数、规模以上工业企业新产品开发项目数、有效发明专利数和高技术产业当年价总产值很低，科技机构 R&D 人员数为非常低之外，剩余的 5 项要素效应较低。

青海各项创新人才聚集效应指标中，除了公开讲座/展览活动数和国家产业化计划项目数很低，人均最终消费支出水平较高之外，剩余的 11 项要素效应非常低，其中，高技术产业当年价总产值与西藏并列西部地区最低。

西藏各项创新人才聚集效应指标中，除了人均最终消费支出水平很低之外，剩余的 13 项要素效应都非常低，都为西部地区最低。

新疆各项创新人才聚集效应指标中，除了 R&D 人员全时当量、规模以上工业企业 R&D 项目数、规模以上工业企业新产品开发项目数和国外主要检索工具收录科技论文数很低，公开讲座/展览活动数和人均最终消费支出水平为偏低，国家产业化计划项目数很高，高技术企业个数和科技机构 R&D 人员数和有效发明专利数非常低之外，剩余的 4 项要素效应都较低。

分析表 5－4 和图 5－1 不难看出，西部地区除四川、陕西、重庆外，其他省份的要素效应普遍较低、很低或非常低。西部地区各省份要素效应低于0.5（即偏低、较低、很低和非常低）的占比达到3/4。

与此同时，西部地区创新人才聚集效应大致可以分为五个梯次：四川最高，为第一梯次；陕西和重庆较高，为第二梯次；宁夏、贵州、云南、甘肃和新疆一般，为第三梯次；青海较低，为第四梯次；西藏最低，为第五梯次。

5.2　西部十省份创新人才聚集效应的历年变化情况

为了对西部地区创新人才聚集效应进行更好的分析，本书对西部地区历年的创新人才聚集效应进行评价，以较好地把握西部地区创新人才聚集效应的变化情况和变化规律。

根据西部地区创新人才聚集效应评价指标体系（见表5－3）中的 14 个三级指标，收集 2011～2014 年西部地区的原始数据。数据来源为《中国统计年鉴》《中国科技统计年鉴》及《中国劳动统计年鉴》，原始数据见附录 B。通过运用相对模糊偏差矩阵法，得出西部地区 2011～2014 年创新人才聚集效应的评价结果。

5.2.1　2011 年的评价结果

通过计算，2011 年，西部地区 10 个省份创新人才聚集效应的相对偏差模糊矩阵、权重及最终得分分别为：

$$C_{i,\text{宁夏}} = (c_{1,1}, c_{2,1}, \cdots, c_{14,1}) = \begin{pmatrix} 0.9875, 0.9805, 0.9928, 0.9716, 0.9750, 0.9122, 0.8851, \\ 1.0000, 0.9914, 0.9707, 0.8341, 0.9052, 0.6837, 0.9860 \end{pmatrix}$$

$$C_{i,\text{四川}} = (c_{1,2}, c_{2,2}, \cdots, c_{14,2}) = \begin{pmatrix} 0.0000, 0.0000, 0.0000, 0.0000, 0.0000, 0.0000, 0.0000, \\ 0.0000, 0.1490, 0.0000, 0.0000, 0.0000, 0.9474, 0.2716 \end{pmatrix}$$

$$C_{i,\text{贵州}} = (c_{1,3}, c_{2,3}, \cdots, c_{14,3}) = \begin{pmatrix} 0.8721, 0.8262, 0.7508, 0.5545, 0.8015, 0.8263, 0.6172, \\ 0.7428, 0.9472, 0.8324, 0.7268, 0.7601, 0.3105, 0.6256 \end{pmatrix}$$

$$C_{i,\text{重庆}} = (c_{1,4}, c_{2,4}, \cdots, c_{14,4}) = \begin{pmatrix} 0.6579, 0.7936, 0.4495, 0.7636, 0.3268, 0.5408, 0.3908, \\ 0.7799, 0.5774, 0.5550, 0.5024, 0.6441, 0.8134, 0.0000 \end{pmatrix}$$

$$C_{i,\text{云南}} = (c_{1,5}, c_{2,5}, \cdots, c_{14,5}) = \begin{pmatrix} 0.8629, 0.9387, 0.7199, 0.4030, 0.7763, 0.8526, 0.3333, \\ 0.3976, 0.7628, 0.7932, 0.6634, 0.7460, 0.5550, 0.5004 \end{pmatrix}$$

$$C_{i,\text{陕西}} = (c_{1,6}, c_{2,6}, \cdots, c_{14,6}) = \begin{pmatrix} 0.5568, 0.1203, 0.6632, 0.6455, 0.3737, 0.4986, 0.0345, \\ 0.0290, 0.0000, 0.5673, 0.3122, 0.5219, 0.8804, 0.2505 \end{pmatrix}$$

$$C_{i,\text{甘肃}} = (c_{1,7}, c_{2,7}, \cdots, c_{14,7}) = \begin{pmatrix} 0.9252, 0.9088, 0.7478, 0.6182, 0.8112, 0.8818, 0.5862, \\ 0.4644, 0.6154, 0.9218, 0.4610, 0.8829, 0.6746, 0.6110 \end{pmatrix}$$

$$C_{i,\text{青海}} = (c_{1,8}, c_{2,8}, \cdots, c_{14,8}) = \begin{pmatrix} 0.9709, 0.9908, 0.9508, 0.8273, 0.9828, 0.9913, 0.9655, \\ 0.9483, 0.9852, 0.9948, 0.9317, 0.9669, 1.0000, 0.4348 \end{pmatrix}$$

$$C_{i,\text{西藏}} = (c_{1,9}, c_{2,9}, \cdots, c_{14,9}) = \begin{pmatrix} 1.0000, 1.0000, 1.0000, 1.0000, 1.0000, 1.0000, 1.0000, \\ 0.9971, 1.0000, 1.0000, 1.0000, 1.0000, 1.0000, 1.0000 \end{pmatrix}$$

$$C_{i,\text{新疆}} = (c_{1,10}, c_{2,10}, \cdots, c_{14,10})$$

$$= \begin{pmatrix} 0.9751, 0.9921, 0.8180, 0.6000, 0.8893, 0.9278, 0.8437, \\ 0.7435, 0.9354, 0.9520, 0.5976, 0.8267, 0.9187, 0.4135 \end{pmatrix}$$

$$(w_1, w_2, \cdots, w_{14}) = (0.079, 0.130, 0.057, 0.063, 0.062, 0.054, 0.061, \\ 0.077, 0.071, 0.069, 0.081, 0.066, 0.067, 0.066)$$

$$(E_1, E_2, E_3, \cdots, E_{10}) = (0.9366, 0.0912, 0.7371, 0.5792, 0.6823, \\ 0.3662, 0.7288, 0.9305, 0.9998, 0.8271)$$

经过运算可知，2011 年，西部地区 10 个省份创新人才聚集效应 14 项三级指标要素具体评价结果见表 5-5，三级指标要素权重见表 5-6，整体效应评价结果见表 5-7。

为了阅读分析方便，表中对各项指标数据进行了逆向处理，即在表中，数据越大说明效应越强。

从表 5-5 的评价数据可以得出以下结论。

宁夏各项创新人才聚集效应指标除了创新人才引进数量增长率效应较低、国家产业化计划项目和高校研究与试验发展机构效应很低外，其他 11 项要素效应都非常低（0.09 及以下为非常低，0.1～0.19 为很低，0.2～0.39 为较低，0.4～0.49 为偏低，0.5～0.59 为偏高，0.6～0.79 为较高，0.8～0.89 为很高，0.9 以上的为非常高）。

四川创新人才引进数量增长率效应非常低，国外主要检索工具收录科技论文效应很高，人均最终消费支出水平效应较高，其他 11 项要素效应都非常高，均居西部地区第一。

贵州创新人才引进数量增长率效应较高，国外主要检索工具收录科技论文效应非常低，规模以上工业企业 R&D 项目、规模以上工业企业新产品开发、有效发明专利、高技术企业 4 项要素效应很低，其他 7 项要素效应都较低。

重庆人均最终消费支出水平效应非常高，居西部地区第一，R&D 人员全时当量、规模以上工业企业 R&D 项目、高校研究与试验发展机构 3 项要素效应较高，国家产业化计划项目、规模以上工业企业新产品开发、有效发明专利、国外主要检索工具收录科技论文 4 项要素效应偏低，创新人才引进数量增长率效应很低，其他 5 项要素效应较低。

表 5－5　　2011 年西部地区创新人才聚集效应三级指标要素评价结果

省份	C1 高技术企业个数	C2 科技机构 R&D 人员数	C3R&D 人员全时当量	C4 公开讲座/展览活动数	C5 规模以上工业企业 R&D 项目数	C6 规模以上工业企业新产品开发项目数	C7 高校研究与试验发展机构数	C8 国内外发表科技论文数	C9 国外主要检索工具收录科技论文数	C10 有效发明专利数	C11 国家产业化计划项目数	C12 高技术产业当年价总产值	C13 创新人才引进数量增长率	C14 人均最终消费支出水平
宁夏	0. 0125	0. 0195	0. 0072	0. 0284	0. 0250	0. 0878	0. 1149	0. 0000	0. 0086	0. 0293	0. 1659	0. 0948	0. 3163	0. 0140
四川	1. 0000	1. 0000	1. 0000	1. 0000	1. 0000	1. 0000	1. 0000	1. 0000	0. 8510	1. 0000	1. 0000	1. 0000	0. 0526	0. 7284
贵州	0. 1279	0. 1738	0. 2492	0. 4455	0. 1985	0. 1737	0. 3828	0. 2572	0. 0528	0. 1676	0. 2732	0. 2399	0. 6895	0. 3744
重庆	0. 3421	0. 2064	0. 5505	0. 2364	0. 6732	0. 4592	0. 6092	0. 2201	0. 4226	0. 4450	0. 4976	0. 3559	0. 1866	1. 0000
云南	0. 1371	0. 0613	0. 2801	0. 5970	0. 2237	0. 1474	0. 6667	0. 6024	0. 2372	0. 2068	0. 3366	0. 2540	0. 4450	0. 4996
陕西	0. 4432	0. 8797	0. 3368	0. 3545	0. 6263	0. 5014	0. 9655	0. 9710	1. 0000	0. 4327	0. 6878	0. 4781	0. 1196	0. 7495
甘肃	0. 0748	0. 0912	0. 2522	0. 3818	0. 1888	0. 1182	0. 4138	0. 5356	0. 3846	0. 0782	0. 5390	0. 1171	0. 3254	0. 3890
青海	0. 0291	0. 0092	0. 0492	0. 1727	0. 0172	0. 0087	0. 0345	0. 0517	0. 0148	0. 0052	0. 0683	0. 0331	0. 0000	0. 5652
西藏	0. 0000	0. 0000	0. 0000	0. 0000	0. 0000	0. 0000	0. 0000	0. 0029	0. 0000	0. 0000	0. 0000	0. 0000	0. 0000	0. 0000
新疆	0. 0249	0. 0079	0. 1820	0. 4000	0. 1107	0. 0722	0. 1563	0. 2565	0. 0646	0. 0480	0. 4024	0. 1733	0. 0813	0. 5865

注：为了符合阅读习惯，本书进行了逆向处理。

表 5－6　　2011 年西部地区创新人才聚集效应三级指标要素权重得分 1

权重	C1 高技术企业个数	C2 科技机构 R&D 人员数	C3R&D 人员全时当量	C4 公开讲座/展览活动数	C5 规模以上工业企业 R&D 项目数	C6 规模以上工业企业新产品开发项目数	C7 高校研究与试验发展机构数	C8 国内外发表科技论文数	C9 国外主要检索工具收录科技论文数	C10 有效发明专利数	C11 国家产业化计划项目数	C12 高技术产业当年价总产值	C13 创新人才引进数量增长率	C14 人均最终消费支出水平
得分	0. 079	0. 130	0. 057	0. 063	0. 062	0. 054	0. 061	0. 077	0. 071	0. 069	0. 081	0. 066	0. 067	0. 063

表 5－7　　2011 年西部地区创新人才聚集效应最终结果

省份	整体效应
宁夏	0.0634
四川	0.9088
贵州	0.2629
重庆	0.4208
云南	0.3177
陕西	0.6338
甘肃	0.2712
青海	0.0695
西藏	0.0002
新疆	0.1729

云南公开讲座/展览活动效应很高，高校研究与试验发展机构和国内外发表科技论文效应较高，国内外发表科技论文和创新人才引进数量增长率效应偏低，规模以上工业企业新产品开发和高技术企业效应很低，科技机构 R&D 人员效应非常低，其他 6 项要素效应较低。

陕西国外主要检索工具收录科技论文非常高，居西部地区第一，国内外发表科技论文、高校研究与试验发展机构、科技机构 R&D 人员、R&D 人员全时当量 4 项要素效应很高，高技术产业当年价总产值、高技术企业、有效发明专利 3 项要素效应偏低，创新人才引进数量增长率效应很低，其他 5 项要素效应较高或偏高。

甘肃国内外发表科技论文、国家产业化计划项目、公开讲座/展览活动 3 项要素效应较高或偏高，科技机构 R&D 人员、有效发明专利、高技术企业 3 项要素效应非常低，规模以上工业企业 R&D 项目、规模以上工业企业新产品开发、高技术产业当年价总产值 3 项要素效应很低，其他 5 项要素效应较低或偏低。

青海人均最终消费支出水平效应偏高，公开讲座/展览活动效应较低，其他 12 项要素效应非常低，其中，创新人才引进数量增长率与西藏并列西部地区最低。

西藏14个要素效应都非常低，均为西部地区最低。

新疆人均最终消费支出水平效应偏高，国家产业化计划项目和公开讲座/展览活动效应偏低，国内外发表科技论文效应较低，R&D人员全时当量、高技术产业当年价总产值、高校研究与试验发展机构、规模以上工业企业R&D项目4项要素效应很低，其他6项要素效应都非常低。

不难看出，西部地区除四川、陕西、重庆外，其他各省份的要素效应普遍较低、很低或非常低。西部地区各省份要素效应低于0.5（即偏低、较低、很低和非常低）的多达到3/4。

从表5-7可以看出，西部地区创新人才聚集效应大致可以分为五个梯次：四川最高，为第一梯次；陕西和重庆较高，为第二梯次；贵州和甘肃一般，为第三梯次；宁夏、青海、新疆、云南较低，为第四梯次；西藏最低，为第五梯次。

5.2.2　2012年的评价结果

通过计算，2012年，西部地区10个省份创新人才聚集效应的相对偏差模糊矩阵、权重及最终得分分别为：

$$C_{i,\text{宁夏}} = (c_{1,1}, c_{2,1}, \cdots, c_{14,1})$$
$$= \begin{pmatrix} 0.9839, 0.9813, 0.9184, 1.0000, 0.8836, 0.9038, 0.8925, \\ 0.9741, 0.9881, 0.9649, 0.7706, 0.8942, 0.5694, 0.1846 \end{pmatrix}$$

$$C_{i,\text{四川}} = (c_{1,2}, c_{2,2}, \cdots, c_{14,2})$$
$$= \begin{pmatrix} 0.0000, 0.0000, 0.0000, 0.0000, 0.0000, 0.0000, 0.0000, \\ 0.0000, 0.1621, 0.0000, 0.0000, 0.0000, 0.1282, 0.2856 \end{pmatrix}$$

$$C_{i,\text{贵州}} = (c_{1,3}, c_{2,3}, \cdots, c_{14,3})$$
$$= \begin{pmatrix} 0.8401, 0.7778, 0.7610, 0.5864, 0.8349, 0.8311, 0.5376, \\ 0.7449, 0.9389, 0.8008, 0.7156, 0.7602, 0.2871, 0.6354 \end{pmatrix}$$

$$C_{i,\text{重庆}} = (c_{1,4}, c_{2,4}, \cdots, c_{14,4})$$
$$= \begin{pmatrix} 0.6171, 0.7485, 0.3757, 0.8951, 0.4830, 0.5121, 0.4194, \\ 0.7541, 0.5920, 0.4413, 0.5183, 0.6359, 0.6938, 0.0000 \end{pmatrix}$$

$$C_{i,\text{云南}} = (c_{1,5}, c_{2,5}, \cdots, c_{14,5}) = \begin{pmatrix} 0.8550, 0.9123, 0.7573, 0.2222, 0.8333, 0.8711, 0.3584, \\ 0.3938, 0.7962, 0.7587, 0.5367, 0.7116, 0.6124, 0.4658 \end{pmatrix}$$

$$C_{i,\text{陕西}} = (c_{1,6}, c_{2,6}, \cdots, c_{14,6}) = \begin{pmatrix} 0.5378, 0.3367, 0.2736, 0.4691, 0.4779, 0.4812, 0.0860, \\ 0.0392, 0.0000, 0.2821, 0.2064, 0.4827, 0.9187, 0.2168 \end{pmatrix}$$

$$C_{i,\text{甘肃}} = (c_{1,7}, c_{2,7}, \cdots, c_{14,7}) = \begin{pmatrix} 0.8996, 0.9071, 0.7747, 0.5247, 0.8082, 0.8499, 0.6129, \\ 0.3114, 0.6297, 0.8798, 0.4908, 0.8659, 0.6555, 0.6171 \end{pmatrix}$$

$$C_{i,\text{青海}} = (c_{1,8}, c_{2,8}, \cdots, c_{14,8}) = \begin{pmatrix} 0.9740, 0.9879, 0.9615, 0.8580, 0.9875, 0.9921, 0.9677, \\ 0.9267, 0.9888, 0.9848, 0.8670, 0.9643, 1.0000, 0.4048 \end{pmatrix}$$

$$C_{i,\text{西藏}} = (c_{1,9}, c_{2,9}, \cdots, c_{14,9}) = \begin{pmatrix} 1.0000, 1.0000, 1.0000, 0.9852, 1.0000, 1.0000, 1.0000, \\ 1.0000, 1.0000, 1.0000, 1.0000, 1.0000, 1.0000, 1.0000 \end{pmatrix}$$

$$C_{i,\text{新疆}} = (c_{1,10}, c_{2,10}, \cdots, c_{14,10}) = \begin{pmatrix} 0.9765, 0.9804, 0.8786, 0.5123, 0.9077, 0.9300, 0.6452, \\ 0.4870, 0.9231, 0.9391, 0.6009, 0.8094, 0.8568, 0.3684 \end{pmatrix}$$

$$(w_1, w_2, \cdots, w_{14}) = (0.067, 0.190, 0.051, 0.063, 0.053, 0.055, 0.060, 0.063, 0.070, 0.069, 0.083, 0.058, 0.055, 0.063)$$

$$(E_1, E_2, E_3, \cdots, E_{10}) = (0.8682, 0.0364, 0.7293, 0.5755, 0.6783, 0.3317, 0.7218, 0.9250, 0.9991, 0.7934)$$

经过运算可知，2012 年，西部地区 10 个省份创新人才聚集效应 14 项三级指标要素具体评价结果见表 5 - 8，三级指标要素权重见表 5 - 9，整体效应评价结果见表 5 - 10。

为了阅读分析方便，表中对各项指标数据进行了逆向处理，即在表中，数据越大说明效应越强。

表 5－8　　2012 年西部地区创新人才聚集效应三级指标要素评价结果

省份	C1 高技术企业个数	C2 科技机构 R&D 人员数	C3R&D 人员全时当量	C4 公开讲座/展览活动数	C5 规模以上工业企业 R&D 项目数	C6 规模以上工业企业新产品开发项目数	C7 高校研究与试验发展机构数	C8 国内外发表科技论文数	C9 国外主要检索工具收录科技论文数	C10 有效发明专利数	C11 国家产业化计划项目数	C12 高技术产业当年价总产值	C13 创新人才引进数量增长率	C14 人均最终消费支出水平
宁夏	0.0161	0.0187	0.0816	0.0000	0.1164	0.0962	0.1075	0.0259	0.0119	0.0351	0.2294	0.1058	0.4306	0.8154
四川	1.0000	1.0000	1.0000	1.0000	1.0000	1.0000	1.0000	1.0000	0.8379	1.0000	1.0000	1.0000	0.8718	0.7144
贵州	0.1599	0.2222	0.2390	0.4136	0.1651	0.1689	0.4624	0.2551	0.0611	0.1992	0.2844	0.2398	0.7129	0.3646
重庆	0.3829	0.2515	0.6243	0.1049	0.5170	0.4879	0.5806	0.2459	0.4080	0.5587	0.4817	0.3641	0.3062	1.0000
云南	0.1450	0.0877	0.2427	0.7778	0.1667	0.1289	0.6452	0.6062	0.2038	0.2413	0.4633	0.2884	0.3876	0.5342
陕西	0.4622	0.6633	0.7264	0.5309	0.5221	0.5188	0.9140	0.9608	1.0000	0.7179	0.7936	0.5173	0.8013	0.7832
甘肃	0.1004	0.0929	0.2253	0.4753	0.1918	0.1501	0.3871	0.6886	0.3703	0.1202	0.5092	0.1341	0.3445	0.3829
青海	0.0260	0.0121	0.0385	0.1420	0.0125	0.0079	0.0323	0.0733	0.0112	0.0152	0.1330	0.0357	0.0000	0.5952
西藏	0.0000	0.0000	0.0000	0.0148	0.0000	0.0000	0.0000	0.0000	0.0000	0.0000	0.0000	0.0000	0.0000	0.0000
新疆	0.0235	0.0196	0.1214	0.4877	0.0923	0.0700	0.3548	0.5130	0.0769	0.0609	0.3991	0.1906	0.1435	0.6416

注：为了符合阅读习惯，本书进行了逆向处理。

表 5－9　　2012 年西部地区创新人才聚集效应三级指标要素权重得分

权重	C1 高技术企业个数	C2 科技机构 R&D 人员数	C3R&D 人员全时当量	C4 公开讲座/展览活动数	C5 规模以上工业企业 R&D 项目数	C6 规模以上工业企业新产品开发项目数	C7 高校研究与试验发展机构数	C8 国内外发表科技论文数	C9 国外主要检索工具收录科技论文数	C10 有效发明专利数	C11 国家产业化计划项目数	C12 高技术产业当年价总产值	C13 创新人才引进数量增长率	C14 人均最终消费支出水平
得分	0.067	0.190	0.051	0.063	0.053	0.055	0.060	0.063	0.070	0.069	0.083	0.058	0.055	0.063

表 5－10　　　　2012 年西部地区创新人才聚集效应最终结果

省份	整体效应
宁夏	0.1318
四川	0.9636
贵州	0.2707
重庆	0.4245
云南	0.3217
陕西	0.6683
甘肃	0.2782
青海	0.0750
西藏	0.0009
新疆	0.2066

从表 5－8 的评价数据可以得出以下结论。

宁夏各项创新人才聚集效应指标中，除了人均最终消费支出水平很高，创新人才引进数量增长率偏低，国家产业化计划项目数较低，规模以上工业企业 R&D 项目数、高校研究与试验发展机构数、高技术产业当年价总产值很低之外，其余 8 项要素效应都非常低。

四川各项创新人才聚集效应指标中，除了人均最终消费支出水平较高，国外主要检索工具收录科技论文数和创新人才引进数量增长率很高之外，其余 11 项要素效应都非常高，均居西部地区第一。

贵州各项创新人才聚集效应指标中，除了创新人才引进数量增长率较高，公开讲座/展览活动数和高校研究与试验发展机构数偏低，科技机构 R&D 人员数、R&D 人员全时当量、国内外发表科技论文数、国家产业化计划项目数、高技术产业当年价总产值较低之外，其余 6 项要素效应都非常低。

重庆各项创新人才聚集效应指标中，人均最终消费支出水平非常高，居西部地区第一，R&D 人员全时当量较高，高校研究与试验发展机构数、有效发明专利数偏高，规模以上工业企业新产品开发项目数、国家产业化计划项目数、国外主要检索工具收录科技论文数偏低，高技术企业个数、科技机构 R&D 人员数、国内外发表科技论文数、高技术产业当年价总产值、创新人才引进数量增长率较低，公开讲座/展览活动数非常低。

云南各项创新人才聚集效应指标中，除了公开讲座/展览活动效应很高，高校研究与试验发展机构和国内外发表科技论文效应较高，人均最终消费支出水平偏高，国家产业化计划项目数偏低，高技术企业个数、规模以上工业企业 R&D 项目数、规模以上工业企业新产品开发项目数很低，科技机构 R&D 人员数非常低之外，其余 5 项要素效应都很低。

陕西各项创新人才聚集效应指标中，国外主要检索工具收录科技论文数非常高，居西部地区第一，高校研究与试验发展机构数、国内外发表科技论文数也非常高，创新人才引进数量增长率很高，R&D 人员全时当量、有效发明专利数、国家产业化计划项目数、人均最终消费支出水平、科技机构 R&D 人员数较高，公开讲座/展览活动数、规模以上工业企业 R&D 项目数、规模以上工业企业新产品开发项目数、高技术产业当年价总产值偏高，高技术企业个数偏低。

甘肃各项创新人才聚集效应指标中，除了国内外发表科技论文数较高，国家产业化计划项目数偏高，公开讲座/展览活动数偏低，R&D 人员全时当量、高校研究与试验发展机构数、国外主要检索工具收录科技论文数、创新人才引进数量增长率、人均最终消费支出水平较低，科技机构 R&D 人员数非常低之外，其余 5 项要素效应都很低。

青海各项创新人才聚集效应指标中，除了人均最终消费支出水平偏高，国家产业化计划项目数、公开讲座/展览活动数很低之外，其余 11 项要素效应都非常低。

西藏 14 个要素效应都非常低，均为西部地区最低。

新疆各项创新人才聚集效应指标中，除了人均最终消费支出水平较高，国内外发表科技论文数偏高，公开讲座/展览活动数偏低，高校研究与试验发展机构数和国家产业化计划项目数较低，R&D 人员全时当量、高技术产业当年价总产值、创新人才引进数量增长率很低之外，其余 6 项要素效应都非常低。

不难看出，西部地区除四川、陕西外，其他各省份的要素效应普遍较低、很低或非常低。西部地区各省份要素效应低于0.5（即偏低、较低、很低和非常低）的多达到3/4。

从表5－10可以看出，西部地区创新人才聚集效应大致可以分为五个梯次：四川最高，为第一梯次；陕西较高，为第二梯次；重庆、云南、贵州、甘肃、新疆一般，为第三梯次；宁夏、青海较低，为第四梯次；西藏最低，为第五梯次。

5.2.3 2013年的评价结果

通过计算，2013年，西部地区10个省份创新人才聚集效应的相对偏差模糊矩阵、权重及最终得分分别为：

$$C_{i,\text{宁夏}} = (c_{1,1}, c_{2,1}, \cdots, c_{14,1})$$

$$= \begin{pmatrix} 0.9868, 0.9807, 0.9184, 0.91004, 0.8775, 0.9244, 0.8969, \\ 0.8210, 0.9845, 0.9106, 0.7862, 0.8792, 0.6641, 0.2062 \end{pmatrix}$$

$$C_{i,\text{四川}} = (c_{1,2}, c_{2,2}, \cdots, c_{14,2})$$

$$= \begin{pmatrix} 0.0000, 0.0000, 0.0000, 0.0000, 0.0000, 0.0000, 0.0000, \\ 0.0000, 0.0573, 0.0000, 0.0000, 0.0000, 0.4710, 0.0212 \end{pmatrix}$$

$$C_{i,\text{贵州}} = (c_{1,3}, c_{2,3}, \cdots, c_{14,3})$$

$$= \begin{pmatrix} 0.8307, 0.7603, 0.7250, 0.6023, 0.8349, 0.8501, 0.5258, \\ 0.7598, 0.9354, 0.7833, 0.5535, 0.6380, 0.6794, 0.6430 \end{pmatrix}$$

$$C_{i,\text{重庆}} = (c_{1,4}, c_{2,4}, \cdots, c_{14,4})$$

$$= \begin{pmatrix} 0.5498, 0.7162, 0.3710, 0.9006, 0.4382, 0.4625, 0.4124, \\ 0.7561, 0.5649, 0.4718, 0.4591, 0.6557, 0.4656, 0.0000 \end{pmatrix}$$

$$C_{i,\text{云南}} = (c_{1,5}, c_{2,5}, \cdots, c_{14,5})$$

$$= \begin{pmatrix} 0.8463, 0.9124, 0.7980, 0.2632, 0.8221, 0.8105, 0.3711, \\ 0.5610, 0.8354, 0.7305, 0.3145, 0.7032, 0.7099, 0.3590 \end{pmatrix}$$

$$C_{i,\text{陕西}} = (c_{1,6}, c_{2,6}, \cdots, c_{14,6})$$

$$= \begin{pmatrix} 0.5270, 0.3007, 0.2125, 0.4854, 0.4085, 0.4884, 0.1134, \\ 0.0907, 0.0000, 0.3988, 0.0818, 0.4474, 1.0000, 0.2423 \end{pmatrix}$$

$$C_{i,\text{甘肃}} = (c_{1,7}, c_{2,7}, \cdots, c_{14,7})$$

$$=\begin{pmatrix}0.8812, 0.9118, 0.7866, 0.5497, 0.8335, 0.8721, 0.6289,\\ 0.4312, 0.6793, 0.8895, 0.4088, 0.8523, 0.3511, 0.6348\end{pmatrix}$$

$$C_{i,\text{青海}} = (c_{1,8}, c_{2,8}, \cdots, c_{14,8})$$

$$=\begin{pmatrix}0.9060, 0.9856, 0.9663, 0.8655, 0.9878, 0.9919, 0.9691,\\ 0.9353, 0.9886, 0.9808, 0.8616, 0.9358, 0.9466, 0.3665\end{pmatrix}$$

$$C_{i,\text{西藏}} = (c_{1,9}, c_{2,9}, \cdots, c_{14,9})$$

$$=\begin{pmatrix}1.0000, 1.0000, 1.0000, 0.9652, 1.0000, 1.0000, 1.0000,\\ 1.0000, 1.0000, 1.0000, 1.0000, 1.0000, 1.0000, 1.0000\end{pmatrix}$$

$$C_{i,\text{新疆}} = (c_{1,10}, c_{2,10}, \cdots, c_{14,10})$$

$$=\begin{pmatrix}0.9760, 0.9813, 0.8866, 0.5322, 0.8971, 0.9136, 0.6392,\\ 0.5089, 0.9078, 0.9264, 0.2327, 0.7690, 0.6947, 0.4397\end{pmatrix}$$

$$(w_1, w_2, \cdots, w_{14}) = (0.072, 0.200, 0.049, 0.062, 0.053, 0.054, 0.060, 0.071, 0.070, 0.067, 0.081, 0.050, 0.062, 0.049)$$

$$(E_1, E_2, E_3, \cdots, E_{10}) = (0.8660, 0.0343, 0.7287, 0.5535, 0.6779, 0.3294, 0.7138, 0.9220, 0.9978, 0.7619)$$

经过运算可知，2013 年，西部地区 10 个省份创新人才聚集效应 14 项三级指标要素具体评价结果见表 5 - 11，三级指标要素权重见表 5 - 12，整体效应评价结果见表 5 - 13。

为了阅读分析方便，表中对各项指标数据进行了逆向处理，即在表中，数据越大说明效应越强。

从表 5 - 11 的评价数据可以得出以下结论。

宁夏各项创新人才聚集效应指标中，除了人均最终消费支出水平较高，国家产业化计划项目数、创新人才引进数量增长率较低，规模以上工业企业 R&D 项目数、高校研究与试验发展机构数、国内外发表科技论文数、高技术产业当年价总产值很低之外，其余 7 项要素效应都非常低。

四川各项创新人才聚集效应指标中，除了创新人才引进数量增长率偏高之外，其余 13 项要素效应都非常高，均居西部地区第一。

表 5－11　　2013 年西部地区创新人才聚集效应三级指标要素评价结果

省份	C1 高技术企业个数	C2 科技机构 R&D 人员数	C3R&D 人员全时当量	C4 公开讲座/展览活动数	C5 规模以上工业企业 R&D 项目数	C6 规模以上工业企业新产品开发项目数	C7 高校研究与试验发展机构数	C8 国内外发表科技论文数	C9 国外主要检索工具收录科技论文数	C10 有效发明专利数	C11 国家产业化计划项目数	C12 高技术产业当年价总产值	C13 创新人才引进数量增长率	C14 人均最终消费支出水平
宁夏	0.0132	0.0193	0.0816	0.0900	0.1225	0.0756	0.1031	0.1790	0.0155	0.0894	0.2138	0.1208	0.3359	0.7938
四川	1.0000	1.0000	1.0000	1.0000	1.0000	1.0000	1.0000	1.0000	0.9427	1.0000	1.0000	1.0000	0.5290	0.9788
贵州	0.1693	0.2397	0.2750	0.3977	0.1651	0.1499	0.4742	0.2402	0.0646	0.2167	0.4465	0.3620	0.3206	0.3570
重庆	0.4502	0.2838	0.6290	0.0994	0.5618	0.5375	0.5876	0.2439	0.4351	0.5282	0.5409	0.3443	0.5344	1.0000
云南	0.1537	0.0876	0.2020	0.7368	0.1779	0.1895	0.6289	0.4390	0.1646	0.2695	0.6855	0.2968	0.2901	0.6410
陕西	0.4730	0.6993	0.7875	0.5146	0.5915	0.5116	0.8866	0.9093	1.0000	0.6012	0.9182	0.5526	1.0000	0.7577
甘肃	0.1188	0.0882	0.2134	0.4503	0.1665	0.1279	0.3711	0.5688	0.3207	0.1105	0.5912	0.1477	0.6489	0.3652
青海	0.0940	0.0141	0.0337	0.1345	0.0122	0.0081	0.0309	0.0647	0.0114	0.0192	0.1384	0.0642	0.0534	0.6335
西藏	0.0000	0.0000	0.0000	0.0348	0.0000	0.0000	0.0000	0.0000	0.0000	0.0000	0.0000	0.0000	0.0000	0.0000
新疆	0.0240	0.0187	0.1134	0.4678	0.1029	0.0864	0.3608	0.4911	0.0922	0.0736	0.7673	0.2310	0.3053	0.5603

注：为了符合阅读习惯，本书进行了逆向处理。

表 5－12　　2013 年西部地区创新人才聚集效应三级指标要素权重得分

权重	C1 高技术企业个数	C2 科技机构 R&D 人员数	C3R&D 人员全时当量	C4 公开讲座/展览活动数	C5 规模以上工业企业 R&D 项目数	C6 规模以上工业企业新产品开发项目数	C7 高校研究与试验发展机构数	C8 国内外发表科技论文数	C9 国外主要检索工具收录科技论文数	C10 有效发明专利数	C11 国家产业化计划项目数	C12 高技术产业当年价总产值	C13 创新人才引进数量增长率	C14 人均最终消费支出水平
得分	0.072	0.200	0.049	0.062	0.053	0.054	0.060	0.071	0.070	0.067	0.081	0.050	0.062	0.049

表 5 – 13　　　　2013 年西部地区创新人才聚集效应最终结果

省份	整体效应
宁夏	0.1340
四川	0.9657
贵州	0.2713
重庆	0.4465
云南	0.3221
陕西	0.6706
甘肃	0.2862
青海	0.0780
西藏	0.0022
新疆	0.2381

贵州各项创新人才聚集效应指标中，除了高校研究与试验发展机构数和国家产业化计划项目数偏低，R&D 人员全时当量、公开讲座/展览活动数、国内外发表科技论文数、有效发明专利数、高技术产业当年价总产值、创新人才引进数量增长率、人均最终消费支出水平、科技机构 R&D 人员数 8 项要素为较低，国外主要检索工具收录科技论文数为非常低之外，其余 3 项要素为很低。

重庆各项创新人才聚集效应指标中，除了人均最终消费支出水平非常高，R&D 人员全时当量为较高，高技术企业个数和国外主要检索工具收录科技论文数偏低，科技机构 R&D 人员数、国内外发表科技论文数、高技术产业当年价总产值较低，公开讲座/展览活动数非常低之外，其余 6 项要素为偏高。

云南各项创新人才聚集效应指标中，除了公开讲座/展览活动数、高校研究与试验发展机构数、国家产业化计划项目数、人均最终消费支出水平为较高，国内外发表科技论文数为偏低，R&D 人员全时当量、高技术产业当年价总产值、有效发明专利数、创新人才引进数量增长率为较低，科技机构 R&D 人员数为非常低之外，其余 4 项要素为很低。

陕西各项创新人才聚集效应指标中，除了国内外发表科技论文数、国外主要检索工具收录科技论文数、创新人才引进数量增长率和国家产业化计划项目数非常高，高校研究与试验发展机构数为很高，R&D 人员全时当量、人均最终消费支出水平为较高，科技机构 R&D 人员数和有效发明专利数为较高，高技术企业个数为偏低之外，其余 4 项要素为偏高。

甘肃各项创新人才聚集效应指标中，除了创新人才引进数量增长率较高，国内外发表科技论文数和国家产业化计划项目数为偏高，公开讲座/展览活动数为偏低，高校研究与试验发展机构数、国外主要检索工具收录科技论文数、人均最终消费支出水平和 R&D 人员全时当量为较低，科技机构 R&D 人员数非常低之外，其余 6 项要素为很低。

青海各项创新人才聚集效应指标中，除了人均最终消费支出水平较高，国家产业化计划项目数和公开讲座/展览活动数很低之外，其余 11 项要素为非常低。

西藏 14 个要素效应都非常低，均为西部地区最低。

新疆各项创新人才聚集效应指标中，除了国家产业化计划项目数较高，人均最终消费支出水平为偏高，公开讲座/展览活动数和国内外发表科技论文数偏低，高校研究与试验发展机构数、高技术产业当年价总产值和创新人才引进数量增长率为较低，R&D 人员全时当量和规模以上工业企业 R&D 项目数为很低之外，其余 5 项要素效应非常低。

不难看出，西部地区除四川、陕西外，其他各省份的要素效应普遍较低、很低或非常低。西部地区各省份要素效应低于 0.5（即偏低、较低、很低和非常低）的多达到 3/4。

从表 5－13 可以看出，西部地区创新人才聚集效应大致可以分为五个梯次：四川最高，为第一梯次；陕西较高，为第二梯次；重庆、云南、贵州、甘肃、新疆一般，为第三梯次；宁夏和青海较低，为第四梯次；西藏最低，为第五梯次。

5.2.4 2014 年的评价结果

通过计算，2014 年，西部地区 10 个省份创新人才聚集效应的相对偏差模糊矩阵、权重及最终得分分别为：

$$C_{i,\text{宁夏}} = (c_{1,1}, c_{2,1}, \cdots, c_{14,1})$$

$$= \begin{pmatrix} 0.8834, 0.8838, 0.9086, 0.6845, 0.8994, 0.8527, 0.7812, \\ 0.8388, 0.9845, 0.9502, 0.7928, 0.8659, 0.6641, 0.2057 \end{pmatrix}$$

$$C_{i,\text{四川}} = (c_{1,2}, c_{2,2}, \cdots, c_{14,2})$$

$$= \begin{pmatrix} 0.0000, 0.0000, 0.0000, 0.0000, 0.0000, 0.0000, 0.0000, \\ 0.0000, 0.1573, 0.0000, 0.0566, 0.0000, 0.1710, 0.3487 \end{pmatrix}$$

$$C_{i,\text{贵州}} = (c_{1,3}, c_{2,3}, \cdots, c_{14,3})$$

$$= \begin{pmatrix} 0.7960, 0.7980, 0.7296, 0.5930, 0.7298, 0.7563, 0.5149, \\ 0.7151, 0.8954, 0.7943, 0.5220, 0.7257, 0.6794, 0.5867 \end{pmatrix}$$

$$C_{i,\text{重庆}} = (c_{1,4}, c_{2,4}, \cdots, c_{14,4})$$

$$= \begin{pmatrix} 0.5000, 0.5313, 0.2959, 0.4012, 0.2863, 0.3589, 0.4356, \\ 0.2789, 0.3649, 0.6070, 0.2654, 0.3355, 0.1656, 0.0000 \end{pmatrix}$$

$$C_{i,\text{云南}} = (c_{1,5}, c_{2,5}, \cdots, c_{14,5})$$

$$= \begin{pmatrix} 0.6560, 0.6980, 0.6496, 0.4930, 0.7208, 0.7363, 0.5149, \\ 0.7151, 0.8354, 0.8043, 0.5220, 0.7257, 0.6499, 0.5867 \end{pmatrix}$$

$$C_{i,\text{陕西}} = (c_{1,6}, c_{2,6}, \cdots, c_{14,6})$$

$$= \begin{pmatrix} 0.5077, 0.3909, 0.1837, 0.3884, 0.3064, 0.368, 0.1485, \\ 0.1313, 0.3687, 0.5516, 0.1789, 0.2852, 0.1785, 0.2436 \end{pmatrix}$$

$$C_{i,\text{甘肃}} = (c_{1,7}, c_{2,7}, \cdots, c_{14,7})$$

$$= \begin{pmatrix} 0.7803, 0.8196, 0.7702, 0.5523, 0.8305, 0.8652, 0.6337, \\ 0.4304, 0.6793, 0.9230, 0.4277, 0.8476, 0.3511, 0.6547 \end{pmatrix}$$

$$C_{i,\text{青海}} = (c_{1,8}, c_{2,8}, \cdots, c_{14,8})$$

$$= \begin{pmatrix} 0.9701, 0.9887, 0.8887, 0.7663, 0.8885, 0.9615, 0.9406, \\ 0.9400, 0.9886, 0.9873, 0.8176, 0.9394, 0.9466, 0.3707 \end{pmatrix}$$

$$C_{i,\text{西藏}} = (c_{1,9}, c_{2,9}, \cdots, c_{14,9})$$

$$= \begin{pmatrix} 1.0000, 1.0000, 1.0000, 0.9652, 1.0000, 1.0000, 0.995, \\ 1.0000, 1.0000, 1.0000, 1.0000, 1.0000, 1.0000, 0.879 \end{pmatrix}$$

$$C_{i,\text{新疆}} = (c_{1,10}, c_{2,10}, \cdots, c_{14,10})$$

$$= \begin{pmatrix} 0.8923, 0.8927, 0.8643, 0.5110, 0.8712, 0.9045, 0.6238, \\ 0.6493, 0.8978, 0.9227, 0.0377, 0.7765, 0.6947, 0.4800 \end{pmatrix}$$

$$(w_1,w_2,\cdots,w_{14}) = (0.069,0.290,0.047,0.059,0.053,0.054,0.057,0.062,0.064,0.061,0.059,0.039,0.050,0.037)$$

$$(E_1,E_2,E_3,\cdots,E_{10}) = (0.8313,0.0349,0.7294,0.4002,0.6748,0.3272,0.7137,0.9210,0.9942,0.7608)$$

经过运算可知，2014 年，西部地区 10 个省份创新人才聚集效应 14 项三级指标要素具体评价结果见表 5 – 14，三级指标要素权重见表 5 – 15，整体效应评价结果见表 5 – 16。

为了阅读分析方便，表中对各项指标数据进行了逆向处理，即在表中，数据越大说明效应越强。

从表 5 – 14 的评价数据可以得出以下结论。

宁夏各项创新人才聚集效应指标中，除了人均最终消费支出水平较高，公开讲座/展览活动数、创新人才引进数量增长率、高校研究与试验发展机构数和国家产业化计划项目数较低，高技术企业个数、科技机构 R&D 人员数、规模以上工业企业 R&D 项目数、规模以上工业企业新产品开发项目数、国内外发表科技论文数和高技术产业当年价总产值很低之外，其余 3 项要素效应都非常低。

四川各项创新人才聚集效应指标中，除了人均最终消费支出水平较高，国外主要检索工具收录科技论文数和创新人才引进数量增长率很高之外，其余 11 项要素效应都非常高，均居西部地区第一。

贵州各项创新人才聚集效应指标中，除了公开讲座/展览活动数、高校研究与试验发展机构数、国家产业化计划项目数、人均最终消费支出水平偏低，国外主要检索工具收录科技论文数很低之外，其余 9 项要素效应都较低。

重庆各项创新人才聚集效应指标中，除了人均最终消费支出水平非常高，创新人才引进数量增长率为很高，R&D 人员全时当量、规模以上工业企业 R&D 项目数、国外主要检索工具收录科技论文数、高技术产业当年价总产值、规模以上工业企业新产品开发项目数、国内外发表科技论文数和国家产业化计划项目数较高，有效发明专利数较低，科技机构 R&D 人员数偏低之外，其余 3 项要素效应都偏高。

表 5－14　**2014 年西部地区创新人才聚集效应三级指标要素评价结果**

省份	C1 高技术企业个数	C2 科技机构 R&D 人员数	C3R&D 人员全时当量	C4 公开讲座/展览活动数	C5 规模以上工业企业 R&D 项目数	C6 规模以上工业企业新产品开发项目数	C7 高校研究与试验发展机构数	C8 国内外发表科技论文数	C9 国外主要检索工具收录科技论文数	C10 有效发明专利数	C11 国家产业化计划项目数	C12 高技术产业当年价总产值	C13 创新人才引进数量增长率	C14 人均最终消费支出水平
宁夏	0.1166	0.1162	0.0914	0.3155	0.1306	0.1473	0.2188	0.1612	0.0155	0.0498	0.2072	0.1341	0.3359	0.7943
四川	1.0000	1.0000	1.0000	1.0000	1.0000	1.0000	1.0000	1.0000	0.8427	1.0000	0.9434	1.0000	0.8290	0.6513
贵州	0.2040	0.2020	0.2704	0.4070	0.2702	0.2437	0.4851	0.2849	0.1046	0.2057	0.4780	0.2743	0.3206	0.4133
重庆	0.5000	0.4687	0.7041	0.5988	0.7137	0.6411	0.5644	0.7211	0.6351	0.3930	0.7346	0.6645	0.8344	1.0000
云南	0.3440	0.3020	0.3504	0.5070	0.2792	0.2637	0.4851	0.2849	0.1646	0.1957	0.4780	0.2743	0.3501	0.4133
陕西	0.4923	0.6091	0.8163	0.6516	0.6936	0.6320	0.8515	0.8687	0.6313	0.4484	0.8211	0.7148	0.8215	0.7564
甘肃	0.2197	0.1804	0.2298	0.4477	0.1695	0.1348	0.3663	0.5696	0.3207	0.0770	0.5723	0.1524	0.6489	0.3453
青海	0.0299	0.0113	0.1113	0.2337	0.1115	0.0385	0.0594	0.0600	0.0114	0.0127	0.1824	0.0606	0.0534	0.6293
西藏	0.0000	0.0000	0.0000	0.0348	0.0000	0.0000	0.0050	0.0000	0.0000	0.0000	0.0000	0.0000	0.0000	0.1210
新疆	0.1077	0.1073	0.1357	0.4890	0.1288	0.0955	0.3762	0.3507	0.1022	0.0773	0.9623	0.2235	0.3053	0.5200

注：为了符合阅读习惯，本书进行了逆向处理。

表 5－15　**2014 年西部地区创新人才聚集效应三级指标要素权重得分**

权重	C1 高技术企业个数	C2 科技机构 R&D 人员数	C3R&D 人员全时当量	C4 公开讲座/展览活动数	C5 规模以上工业企业 R&D 项目数	C6 规模以上工业企业新产品开发项目数	C7 高校研究与试验发展机构数	C8 国内外发表科技论文数	C9 国外主要检索工具收录科技论文数	C10 有效发明专利数	C11 国家产业化计划项目数	C12 高技术产业当年价总产值	C13 创新人才引进数量增长率	C14 人均最终消费支出水平
得分	0.069	0.290	0.047	0.059	0.053	0.054	0.057	0.062	0.064	0.061	0.059	0.039	0.050	0.037

表 5-16 2014 年西部地区创新人才聚集效应最终结果

省份	整体效应
宁夏	0.1697
四川	0.9661
贵州	0.2716
重庆	0.6008
云南	0.3262
陕西	0.6738
甘肃	0.2873
青海	0.0800
西藏	0.0068
新疆	0.2402

云南各项创新人才聚集效应指标中，除了公开讲座/展览活动数偏高，高校研究与试验发展机构数、国家产业化计划项目数和人均最终消费支出水平偏低，国外主要检索工具收录科技论文数和有效发明专利数很低之外，其余 8 项要素效应都较低。

陕西各项创新人才聚集效应指标中，除了 R&D 人员全时当量、高校研究与试验发展机构数、国内外发表科技论文数、国家产业化计划项目数和创新人才引进数量增长率很高，人均最终消费支出水平和高技术产业当年价总产值较高，高技术企业个数和有效发明专利数偏低之外，其余 5 项要素效应都较高。

甘肃各项创新人才聚集效应指标中，除了创新人才引进数量增长率较高，国内外发表科技论文数和国家产业化计划项目数偏高，公开讲座/展览活动数偏低，科技机构 R&D 人员数、规模以上工业企业 R&D 项目数、规模以上工业企业新产品开发项目数和高技术产业当年价总产值很低，有效发明专利数非常低之外，其余 5 项要素效应都较低。

青海各项创新人才聚集效应指标中，除了人均最终消费支出水平较高，公开讲座/展览活动数较低，R&D 人员全时当量、规模以上工业企业 R&D 项目数和国家产业化计划项目数很低之外，其余 9 项要素效应都非常低。

西藏 14 个要素效应都非常低，均为西部地区最低。

新疆各项创新人才聚集效应指标中，除了国家产业化计划项目数非常高，人均最终消费支出水平偏高，公开讲座/展览活动数偏低，高校研究与试验发展机构数、国内外发表科技论文数、高技术产业当年价总产值和创新人才引进数量增长率较低，规模以上工业企业新产品开发项目数和有效发明专利数非常低之外，其余 5 项要素效应都很低。

不难看出，西部地区除四川、陕西、重庆外，其他各省份的要素效应普遍较低、很低或非常低。西部地区各省份要素效应低于 0.5（即偏低、较低、很低和非常低）的多达到 3/4。

从表 5－16 可以看出，西部地区创新人才聚集效应大致可以分为五个梯次：四川最高，为第一梯次；陕西和重庆较高，为第二梯次；云南、贵州、甘肃、新疆一般，为第三梯次；宁夏和青海较低，为第四梯次；西藏最低，为第五梯次。

5.2.5　评价结果的分析

通过汇总 2011～2015 年西部地区创新人才聚集效应的具体得分（见表 5－17），分别绘制 10 个省份各自的创新人才聚集效应的变化情况（如图 5－2 和图 5－3 所示）。

表 5－17　　2011～2015 年西部地区创新人才聚集效应的变化趋势

省份	2011 年	2012 年	2013 年	2014 年	2015 年
宁夏	0.0634	0.1318	0.1340	0.1697	0.2750
四川	0.9088	0.9636	0.9657	0.9661	0.9683
贵州	0.2629	0.2707	0.2713	0.2716	0.2756
重庆	0.4208	0.4245	0.4465	0.6008	0.6019
云南	0.3177	0.3217	0.3221	0.3262	0.3278
陕西	0.6338	0.6683	0.6706	0.6738	0.6745
甘肃	0.2712	0.2782	0.2862	0.2873	0.2923
青海	0.0695	0.0750	0.0780	0.0800	0.0814
西藏	0.0002	0.0009	0.0022	0.0068	0.0082
新疆	0.1729	0.2066	0.2381	0.2402	0.2478

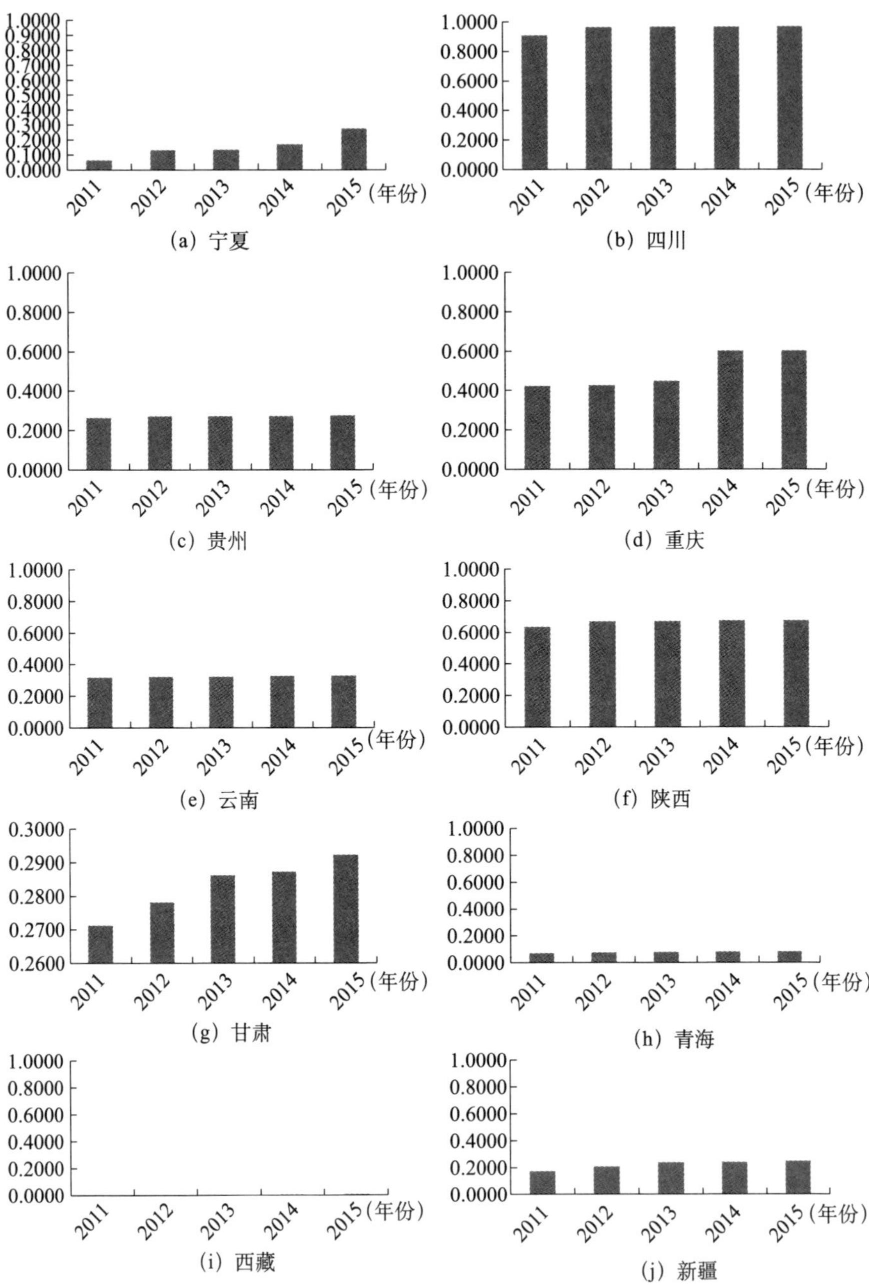

(a) 宁夏

(b) 四川

(c) 贵州

(d) 重庆

(e) 云南

(f) 陕西

(g) 甘肃

(h) 青海

(i) 西藏

(j) 新疆

图 5-2　2011~2015 年西部地区各省份创新人才聚集效应水平

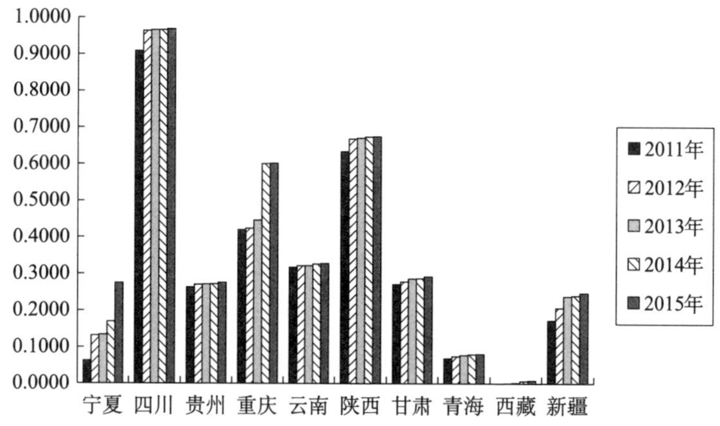

图 5－3　西部地区各省份创新人才聚集效应历年变化情况

结合表 5－17、图 5－2 和图 5－3，可以得到以下结论。

第一，从整体上看，随着时间的推进，西部地区 10 个省份的创新人才聚集效应都在不断提升。这主要是 2010 年以来，西部地区各省份越来越重视创新人才的吸引、使用和开发，如新疆的《自治区中长期专业技术人才队伍建设规划（2011—2020 年）》于 2012 年 11 月份发布、陕西的《陕西省中长期宣传思想文化人才发展规划（2010—2020）》于 2010 年 7 月份发布。而且，西部地区各省份也都推出了一系列的创新人才聚集政策和激励举措。

第二，由各省份的情况可知，四川的创新人才聚集效应一直最好，远远领先其他省份。陕西和重庆的创新人才聚集效应较好，其中，重庆的创新人才聚集效应提高较快。贵州、云南、甘肃、新疆的创新人才聚集效应一般，提升的速度也较为缓慢，历年的变化情况不大。青海的创新人才聚集效应较低。西藏的创新人才聚集效应虽然也在提升，但是在整个西部地区，其创新人才聚集效应的结果是最低的。

5.3　本章小结

本章进行西部地区创新人才聚集效应的评价研究，主要内容有两个：

第一，基于文献研究和问卷调查，构建西部地区创新人才聚集效应的评价指标体系，该指标体系共包含五个维度，分别为知识共享效应、创新网络效应、集体学习效应、地区品牌效应、规模效应，每个维度又包含若干个具体评价指标。第二，运用相对偏差模糊矩阵法，构建陕西、甘肃、宁夏、青海、新疆、西藏、云南、贵州、重庆、四川共10个省份的创新人才聚集效应的相对偏差模糊矩阵评价模型，结合《中国统计年鉴》《中国科技统计年鉴》及《中国劳动统计年鉴》数据，收集了2011～2015年西部地区创新人才聚集效应各个评价指标体系的原始数据，实现对西部地区历年创新人才聚集效应的评价研究。

第6章　西部十省份创新人才聚集效应提升：问题与对策

6.1　西部十省份创新人才问题与对策分析的指向

6.1.1　指向西部地区创新人才聚集效应提升难度相对较大的区域

具体来说，就是以贵州、云南、西藏、甘肃、青海、宁夏和新疆为问题和对策分析的指向。

本书第4章的分析告诉我们，从整体上且是相对较长的时间看，西部地区的所有省份创新人才聚集效应的提升工作都取得了较为显著的进展，其中，有的区域（如重庆）取得的进展还相当突出。

本书的第5章的分析也告诉我们，放在中国这个创新人才聚集效应急剧提升的大环境中，西部地区的大部分省份在创新人才聚集效应的提升方面还面临着相对大的压力。西部十省份中，由于历史和现实的原因，重庆和四川在创新人才聚集的社会生活、教育科技、经济发展、人才服务、人文文化五个影响因素方面都做得较好、发展较为均衡，应该说早已进入了创新人才聚集和经济社会发展良性互动的轨道；陕西尽管在我们着重分析的2011～2015年其创新人才聚集效应提升成效在西部十省份中垫底，但因其经济、文化等方面有良好的基础，在创新人才聚集的社会生活、教育科技、经济发展、人才服务、人文文化五个影响因素方面都有相对厚实的基础，发展也较为均衡；贵州、云南、西藏、甘肃、青海、宁夏和新疆这7个省份，对于创新人才的聚集效应提升，在社会生活、教育科技、经济发展、人才服务、人文文化五个影响因素方面，都存在或多或少、或大或小的“瓶颈”。

这当然不是说，对于四川、重庆、陕西来说，在创新人才聚集效应提升方面就不存在任何的问题或困难；更不是说，对于贵州、云南、西藏、甘肃、青海、宁夏和新疆来说，在创新人才聚集效应提升方面就没有多少亮点。事实上，正如本书第4章分析所揭示的，在四川、重庆和陕西中，陕西在我们所分析的2011～2015年其创新人才聚集效应的提升，至少在四川之外的西部其他省份中最为缓慢；从第5章的分析可知，四川、重庆对于创新人才聚集效应的提升，在社会生活、教育科技、经济发展、人才服务、人文文化等方面也存在着不少需化解的问题。另外，在创新人才聚集效应提升相对滞后的贵州、云南、西藏、甘肃、青海、宁夏和新疆，其在创新人才的吸纳和留住方面，也有不少非常积极的进展，如宁夏2011～2015年创新人才聚集效应的提升，与排序第一的重庆极为接近。

因此，我们对贵州、云南、西藏、甘肃、青海、宁夏和新疆，在创新人才聚集效应提升方面问题与对策所得到的结论，对四川、重庆和陕西，也应该有一定的启发、借鉴意义。

6.1.2 指向创新人才聚集效应，提升中观层面的主体

西部地区创新人才聚集效应的提升涉及的主体有：宏观和中观层面的政府、微观层面的企业、高校及科研机构，以及行业协会、非营利组织等其他微观组织或机构。

就企业来说，应该发挥创新人才聚集效应的主力作用，要在制度创新、管理创新、技术创新和文化创新中承担主要职责。与政府的制度创新相比，企业的制度创新立足于区域创新体系中的微观方向，其核心功能突出表现为三个方面：与现代企业制度和企业发展相适应的企业产权制度、创新激励与约束机制的建立、经营与管理制度等的建立和完善。根据市场和竞争的变化，企业改进、革新传统经营管理模式及方法就是企业管理创新，企业发展、产业壮大的实现都离不开资源的有效整合。在企业技术创

新功能中，发明型、实用型、外观型产品的技术研发是重要内容，因此，企业需要将技术成果进行商品化和扩散化。在长期经营过程中，逐步生成和发育起来的日趋稳定的独特的价值观、精神等就是企业文化。通过文化的创新，企业可以有效解决经济增长过程中出现的相关问题。企业在创新人才聚集效应提升中发挥主力作用，有赖于西部地区有一定数量的优秀企业。进一步说，其实是有赖于有一定数量的优秀企业家。西部地区优秀企业数量比较少、优秀企业家数量比较少是显而易见的。因此，分析西部企业在创新人才聚集效应提升方面存在的问题及其相关对策，对于西部地区创新人才聚集效应提升来说，无疑是非常必要、非常重要的。但是，本书的视角本来是中观层面的，系统地去分析企业在创新人才聚集效应提升方面存在什么问题、选择怎样的对策，其实就多少偏离了本书的研究主题。

就高校和科研机构来说，应该在创新人才聚集效应的提升方面发挥重要的不可或缺的推动作用。这一推动作用发挥，主要体现为制度创新、管理创新、技术创新和文化创新。与政府制度创新相比，高校及科研机构的制度创新功能专注于微观方面，主要是建立完善的高校及科研院所制度体系。为了合理分配和高效利用高校及科研机构的科技资源，其需要开展管理创新，这样才能更好地履行职责，发挥技术创新的核心功能，包括科研人才绩效管理、科研项目申报与验收管理、技术成果商业化管理、项目决策管理等。与企业技术创新功能相比，基础研究、实验开发、设计测试等原始性技术创新功能是高校和科研院所技术创新的重中之重。一般来说，依靠自身技术资源自主创新、在技术引进基础上模仿创新、多方共同参与的合作创新是高校和科研院所技术创新的主要模式。物质文化、精神文化、制度文化存在于高校及科研机构文化中，对于积淀、发展和传承先进文化作用极为重要。类似地，高校及科研机构能在西部地区创新人才聚集效应提升中较为充分地发挥其重要的、不可或缺的推动作用，也需要西部地区有一定数量自身就在创新人才聚集方面有足够吸引力的高校及科研机构。显而易见，西部地区这样的高校及科研机构的数量太少了。因此，要发挥西部地区高校及科研机构在西部创新人才聚集效应提升方面不可替代的重要推动作用，也非常有必要分析西部地区高校及科研机构在这方面存在的问题，以及可供选择的对策。笔者相信，这本身就是涉及宏观、中观层面的政府以及高校、科研机构自身的、相当复杂且极具挑战性的问题。这样的研究也确实非常必要、非常重要，同样地，系统地研究这样的问题，也会使研究偏离本书的主题。

行业协会、非营利组织等其他组织或机构，在西部地区创新人才聚集效应提升方面，发挥着主要的辅助作用，其在相关的制度创新、管理创新、技术创新及文化创新中也需要发挥相应的职责。我们的研究表明，就西部创新人才聚集效应的提升来说，这些组织或机构也有一系列存在的问题需要化解。基于我们前面阐述的类似的理由，本书也不拟做这方面的深入、系统的分析。

宏观和中观层面的政府、微观层面的企业、高校及科研机构，以及行业协会、非营利组织等其他微观组织或机构，在西部地区创新人才聚集效应提升的协调作用，也是一个非常重要、亟待探讨的问题。

图6－1显示的是各主体在西部地区创新人才聚集效应提升方面的作用方式。

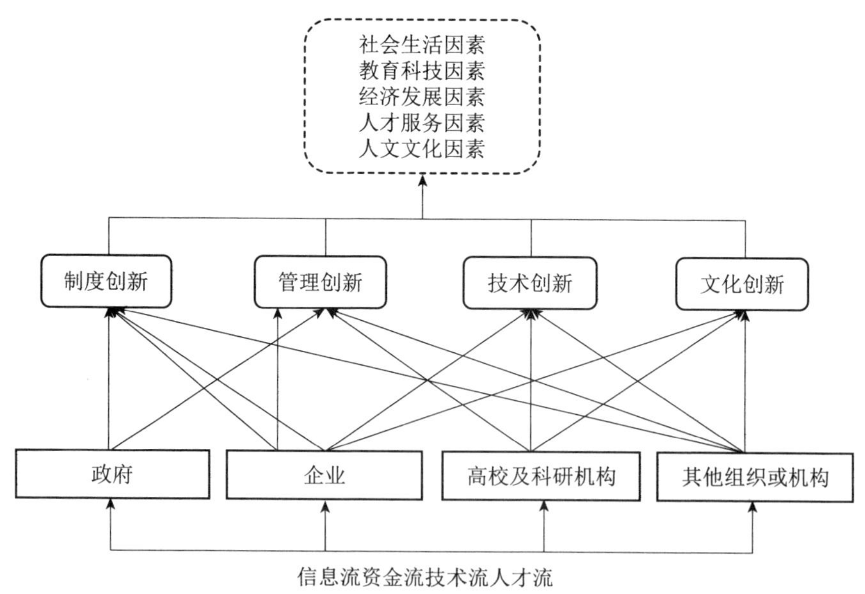

图6－1　各主体的作用方式

由图 6－1 可知，在比较理想的状态下，政府、企业、高校及科研机构、其他组织等主体通过信息流、资金流、技术流、人才流等资源的协同和共享，依托不同的功能，最终建立起持续的动力机制，实现要素的整合，可以不断提升西部地区创新人才聚集效应主要影响因素的水平。

影响西部地区创新人才聚集效应的主要因素是社会生活、教育科技、经济发展、人才服务、人文文化五个方面，而对这些因素起决定作用的主体包括政府、高校及科研机构、企业、其他组织或机构四个方面。为了将某些地区的创新人才聚集效应更好地发挥，需要持有协同的观点，将提升西部地区创新人才聚集效应的主体进行有效协同，从而才能实现西部地区创新人才聚集效应的协同作用平台（如图 6－2 所示）。

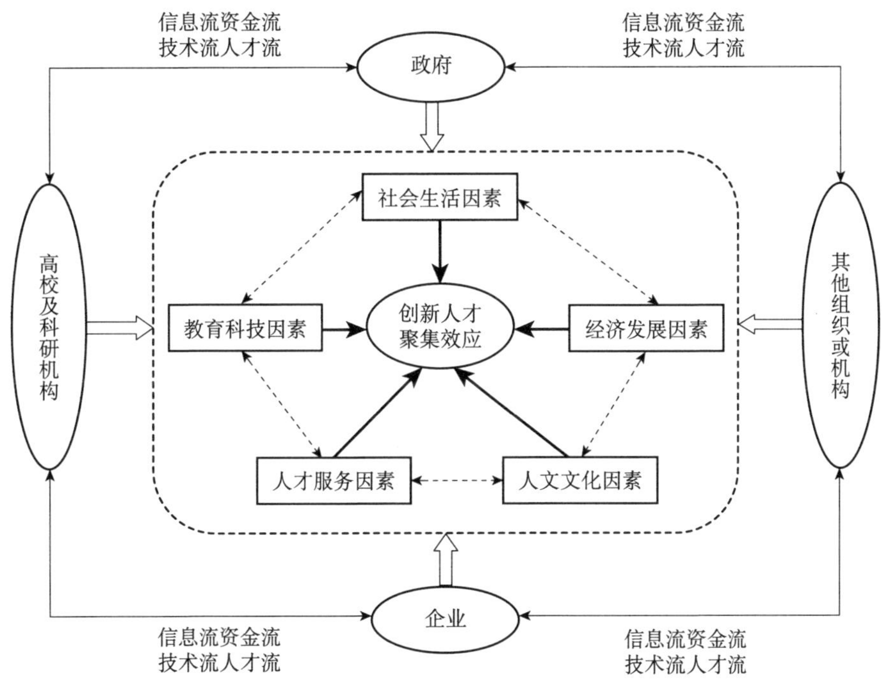

图 6－2　协同作用平台的作用

由图 6－2 可知，在相对完善的协同作用模式下，西部地区的政府、企业、高校及科研机构、其他组织等主体需要根据西部地区的人才供需关系进行协同驱动，这样才能将创新人才的聚集效应进行提升。在此过程中，政府、企业、高校及科研机构、其他组织等主体的功能是存在差异的，为了加强资源依赖、提升规模效益，需要从信息流、资金流、技术流、人才流等多方面进行。

第一，当各主体自身缺乏某种资源且市场中又难以获得时，其一般会寻求其他主体的合作，所需资源需要通过交换获得，由此形成的综合体由多个组织共同构成，这体现为资源依赖。政府、企业、高校及科研机构、其他组织等主体拥有的优势资源各不相同，主体间为了规避各自资源缺乏的限制，必须要形成资源相互协同的联盟体。

第二，在条块分割的状态下，为了在各自领域内具有优势，政府、企业、高校及科研机构、其他组织等主体积累的是专有资源，一旦进入另一领域，不同主体都会体现出一定的劣势。为此，为了扩大原有资源的规模、实现资源的优化配置，主体必须相互协同，这样才能将边际收益进行提升从而扩大规模效益。

在西部地区创新人才聚集效应的协同影响模式中，通过协同与交流，进行资源互补、知识共享、技术转移、共担风险、同享收益，政府、企业、高校及科研机构、其他组织等主体能促进社会生活因素、教育科技因素、经济发展因素、人才服务因素、人文文化因素的改善，并最终实现西部地区创新人才聚集效应的提升。

因此，协同平台具有以下几个特征。其一是高效性。以资源互补关系为基础建立起的西部地区创新人才聚集效应的协同影响模式实现了西部地区政府、企业、高校及科研机构、其他组织等主体之间的互动关系，提高了资源优化配置的有效性、激励了主体的协同互动效率。

其二是互补性。在西部地区创新人才聚集效应的协同影响模式中，各个主体的优势资源都是极为独特的，资源优势互补效应可以通过相互协作而产生。在人才流方面，政府、企业、高校及科研机构、其他组织都有其自身领域的人才，但是为了协同发展，不同主体也需要其他领域的人才。如果人才协同体系形成不了，则各自所需的人才资源不能相互输送。在技术流方面，对于高校及科研院所而言，其为了提升对企业技术创新需求相关领域的研究力度，必须依靠政府、企业、其他组织的协同强化。更为重要的是，企业会由于知识的溢出效应而更容易获得高校及科研院所相关技术支持。而且，高校及科研院所、企业的技术方向判断失误风险将会因为政府对技术宏观方向的把控而大大降低。

其三是共享性。西部地区创新人才聚集效应的协同影响模式中，各主体间会形成信息流、资金流、技术流、人才流的流动，由于互补关系的存在催生了协同分工模式，从而成为共享的资源。各主体在协同影响过程中，都需要人才、资金、技术、信息共享这一平台，依托此平台，它们的联系才能更为紧密、共享程度和效率才能更高。

其四是持续性。在西部地区创新人才聚集效应的协同影响过程中，各种正式和非正式关系并存，由此便于信息传递与扩散、技术和知识的流动，促进政府、企业、高校及科研机构、其他组织持续的合作关系的保持。更为重要的是，此协同影响模式可以在实体上和虚拟上构建联盟组织，依托技术、资金、人才、信息等资源的频繁流动而提高各主体的协同效率，从而保证了协同影响的持续性。

我们的研究显示，目前在西部地区创新人才聚集效应的提升方面，以及各主体协同平台的建立与健全方面，也存在着一系列亟待解决的问题。不过，囿于本书的研究主题，我们不对企业、高校及科研机构，以及其他组织或机构，在西部地区创新人才聚集作用方面存在的问题及可供选择的对策做系统、深入的研究，我们也就不去研究各主体在协同平台的建立与健全方面亟待解决的问题。

就政府这个主体来说，从特定视角看，宏观层面的政府对西部地区创新人才聚集效应的提升更具有战略性、决定性。为了提高西部地区的经济发展水平，中央政府在西部大开发方面已经并将继续推进一系列卓有成效的重大战略举措。这些战略举措已经并将继续在西部地区创新人才聚集效应的提升方面发挥决定性的、无可替代的作用。宏观层面的政府在西部地区创新人才聚集效应的提升方面的战略举措当然不是完美无缺的；而且，即便既有的战略举措是完美无缺，随着时间的推移，也需要人们去研究新问题、规划新的对策。这样的研究富有挑战性和刺激性，也是不少理论工作者乐于参与其中的。不过，对宏观政府在提升西部地区创新人才聚集效应方面的系统、深入研究，也超出了本书的研究范围。

总之，我们侧重从中观层面系统、深入研究政府在创新人才聚集效应提升方面存在的问题与对策，比较切合本书研究定位的“初心”。

6.2 西部十省份创新人才聚集效应提升存在的主要问题

6.2.1 创新人才聚集效应提升战略与策略的“派生性”有较大改善空间

研究西部地区各层面政府对创新人才聚集效应提升问题的规划，主要是政府出台的直接或间接相关的人才政策。

在这些文件中，政府当然不会系统地阐述创新人才聚集效应的提升机理，甚至也不会明确地使用创新人才聚集效应提升这样的范畴或概念，但认真研读，还是可以看到政府规划所辖区域创新人才聚集效应提升的“良苦”用心。

我们看到，政府在人才直接或间接相关政策的规划上，对创新人才聚集效应的“派生性”或“手段性”注意还是不够，对于人才政策与当地自然禀赋、产业优势的对接，考虑得不深不透。因而，在特定的时间和空间吸引一定数量的人才成了终极目标。此时，政府关注的其实主要是人才聚集“现象”而不是“效应”；如果可以称之为“效应”的话，也主要是“人才聚集轰动效应”，而不是人才聚集的规模效应、知识共享效应、集体学习效应、创新网络效应和地区品牌效应等。

6.2.2 创新人才聚集效应提升的“竞争性”有较大改善空间

本书的研究表明，影响西部地区创新人才聚集效应的有社会生活、教育科技、经济发展、人才服务、人文文化。这些因素有如图 6 – 3 所示的相互关系。

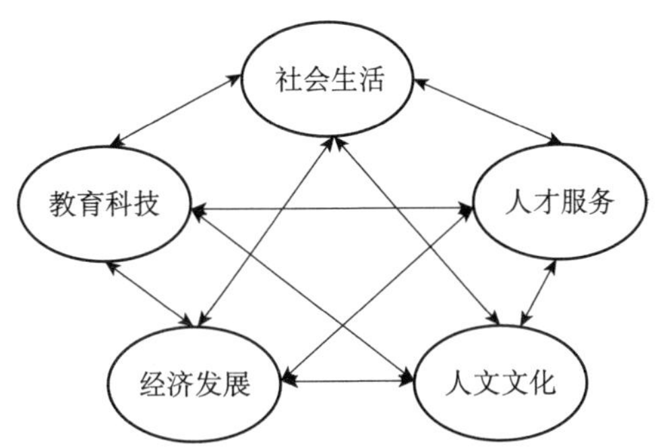

图 6－3　西部地区创新人才聚集效应主要影响因素的相互关系

另外，各主要影响因素 $t+1$ 时刻的状态也会受 t 时刻的影响。

根据图 6－3 所示的相互关系图，数学描述上述状态变量之间的作用关系，由此可得各状态变量在时间序列的逻辑函数表达式，即建立西部地区创新人才聚集主要影响因素的离散动态演化模型，具体为式（6－1）所示。

$$\begin{cases} x_{1(t+1)} = f(x_{1t}, x_{2t}, x_{3t}, x_{4t}, x_{5t}) \\ x_{2(t+1)} = f(x_{1t}, x_{2t}, x_{3t}, x_{4t}, x_{5t}) \\ x_{3(t+1)} = f(x_{1t}, x_{2t}, x_{3t}, x_{4t}, x_{5t}) \\ x_{4(t+1)} = f(x_{1t}, x_{2t}, x_{3t}, x_{4t}, x_{5t}) \\ x_{5(t+1)} = f(x_{1t}, x_{2t}, x_{3t}, x_{4t}, x_{5t}) \end{cases} \tag{6－1}$$

其中，x_{it}表示社会生活、教育科技、经济发展、人才服务、人文文化五个维度中任意一个维度在第 t 时段（主要指年份）的状态，且 $t \geqslant 0$。

为此，可得：

$$\delta_{it} = \frac{x_{i(t+1)} - x_{it}}{x_{it}} \times 100\% \tag{6－2}$$

式（6－2）表示社会生活、教育科技、经济发展、人才服务、人文文化五个维度中任意一个维度在第 $t+1$ 时段比前一个时段增长的百分比。

令：

$$U_t = \sum_{i=1}^{5} x_{it} w_{it} \tag{6－3}$$

其中，U_t 表示在第 t 时段，社会生活、教育科技、经济发展、人才服务、人文文化五个维度的综合状态；w_{it}是各维度在 t 时刻的权重。

令：

$$\Delta U_t = U_{t+1} - U_t \tag{6-4}$$

式（6－4）表示第 $t+1$ 时段社会生活、教育科技、经济发展、人才服务、人文文化五个维度的综合状态与第 t 时段相比较的变化量，且假设 $\Delta U_t \geqslant 0$。

根据上述公式可知：

（1）如果拥有 $x_{i0}(i=1,2,3,4,5)$ 已知，根据式（6－1）和式（6－3），可以获得 $U_t(t=1,2,3,4,5)$ 的值。

（2）社会生活、教育科技、经济发展、人才服务、人文文化五个维度综合状态的演化过程是一个离散的动态系统，在 $x_{i0}(i=1,2,3,4,5)$ 已知的情况下，综合状态是由 δ_i 确定的，也就是说，$U_t = g(\delta_1, \delta_2, \delta_3, \delta_4, \delta_5)$。所谓优化弱势型影响模式，将其转化为优势型影响模式，就是要将 δ_i 保持在一定的可控范围内，使得优化的目标函数 $\max \sum_{t=1}^{n} \Delta U_t$ 中的 ΔU_t 达到最优，这样才能使社会生活、教育科技、经济发展、人才服务、人文文化五个维度综合状态不断得到提升，从而不断推进西部地区创新人才聚集效应。

特定区域创新人才的聚集效应的提升，首先是要达成“聚”，这是聚集效应产生不可或缺的基础性条件。而“聚”的达成又有赖于特定区域具有创新人才吸引的相对引力。这样的引力是相对于特定的“对标区域”的。

研读西部地区直接或间接的人才政策文件可见，基于竞争的对社会生活、教育科技、人才服务、人文文化，以及弥补经济发展差异的系统性设计的文件确有不少，但这些文件在“竞争性”立意，以及系统性方面都有比较大的改进空间。

6.2.3 创新人才聚集效应提升的“内生性”有较大改善空间

创新人才无疑是一种相对高端人才。一个高端人才，通常需要有若干一般性人才及其他方面的一般性工作者做配套。越是高端人才，需要配套的一般性人才或一般性工作者的数量越多。显然，一般性人才以及一般性工作者不能主要依靠从区域外部去吸引，而必须由区域自己培育。即便是高端人才，也是在很大程度甚至更大程度上需要通过区域内部培育。在此意义上可以说，区域内创新人才的聚集效应提升工作，更大程度上是一项烦琐的“内生性”工作。

研读西部各层级政府的直接或间接相关的文件可见，各级政府似乎更在意的还是从外部吸引人才，对外来人才的政策设计比较系统，也比较在意“吸力”的大小；对“内生性”创新人才成长的关注较之对外来人才的关注，一般总是有比较大的落差。对引入的创新性人才配套的一般性人才及一般性工作者，也少有比较系统的培育规划。

6.3　西部十省份创新人才聚集效应提升的政策建议

6.3.1　从“适配性”角度规划创新人才聚集效应提升战略与策略

不管我们怎样强调创新人才的重要性，都必须承认，这都是从人才是资源的角度认识人才。既是资源，就有适配性的问题。

中国改革伊始，对西方的先进科学技术有浓厚的兴趣。那时大家热衷的是尽可能引进西方最先进的技术。然而，实践证明，中国不应一味追求引进先进的技术，而是要尽可能引进适合中国的技术。在创新人才的引进上，更容易犯这样的错误。

从适配性角度规划创新人才聚集效应提升的战略与策略，需要深层次地了解，无论是微观、中观还是宏观的人才战略，无论其多么重要，都是“派生性”战略或“手段性”“工具性”战略。就区域来说，这些战略必须建立在对区域的产业发展战略有深入的认识上。相应地，创新人才聚集战略，必须建立在对产业聚集战略有深入把握的基点上。进一步地，也必须对创新人才聚集效应提升的策略做类似的把握。

更切合实际的创新人才聚集战略，会使特定区域的经济社会发展更为有效。经济社会发展了，产业升级了，可以在新的基点上规划新的、起点相对较高的创新人才聚集效应提升战略与策略。

当然，如果期望在某些领域可以实现跳跃性发展，就不能拘泥于这里所说的“适配性”。

6.3.2 系统规划创新人才聚集效应提升的“竞争性”

我们看到，西部地区各级政府对创新人才聚集效应的竞争性是有所了解的。但需要注意的是，此竞争性有狭义和广义薪酬竞争性之分。我们的研究发现，狭义薪酬竞争性虽然是区域创新人才聚集效应提升的重要构成要素，但并非是最重要的要素。有些客观影响创新人才聚集提升的要素，如果没有得到足够的重视，创新人才聚集效应的提升工作就很难进入到一个新的境界。

为了解西部地区10个省份在创新人才聚集效应影响因素方面的具体区别，我们以2015年为例，采用灰色关联分析法，对比分析各影响因素对陕西、甘肃、宁夏、青海、新疆、西藏、云南、贵州、四川和重庆10个省份创新人才聚集效应的影响程度的大小。

从分维度分析可知，从社会生活维度、教育科技维度、经济发展维度、人才服务维度、人文文化维度分析来看，陕西、甘肃、宁夏、青海、新疆、西藏、云南、贵州、四川和重庆10个省份创新人才聚集效应受各维度影响因素的影响程度都存在着一定差异。在社会生活方面，西藏的创新人才聚集效应受此维度影响较大，而四川受此影响较小；在教育科技方面，宁夏、贵州、甘肃、青海、西藏、新疆的创新人才聚集效应受此维度影响都较大；在经济发展方面，除了重庆的创新人才聚集效应受此维度影响较小之外，其他省份的关联度都高于0.9；在人才服务方面，宁夏、贵州、甘肃、新疆的创新人才聚集效应受此维度影响较大；在人文文化方面，宁夏、贵州、重庆、青海、新疆的创新人才聚集效应受此维度影响较大。

五维度影响因素对贵州的创新人才聚集效应提升的影响程度都比较

大，都超过了0.90，见表6－1。

表6－1　　五维度因素对贵州创新人才聚集效应的影响程度

地区	社会生活	教育科技	经济发展	人才服务	人文文化	总体关联度
贵州	0.9160	0.9460	0.9683	0.9493	0.9785	0.9576

分析表6－1可知，社会生活、教育科技、经济发展、人才服务、人文文化这五个维度的环境因素对贵州创新人才聚集效应的影响程度均超过了0.9，其中，人文文化与其的关联度最高，高达0.9785，而这些因素对贵州创新人才聚集效应总体的影响程度超过了0.95。

宁夏、云南、甘肃、青海、西藏、新疆的创新人才聚集效应受各影响因素的影响程度处于［0.90，0.95］，见表6－2。

表6－2　　五维度因素对宁夏、云南、甘肃、青海、西藏、新疆创新人才聚集效应的影响

地区	社会生活	教育科技	经济发展	人才服务	人文文化	总体关联度
宁夏	0.8867	0.9548	0.9552	0.9397	0.9764	0.9426
云南	0.8924	0.8942	0.9546	0.8991	0.9045	0.9090
甘肃	0.9046	0.9402	0.9108	0.9368	0.9729	0.9331
青海	0.9321	0.9251	0.9536	0.8494	0.9367	0.9194
西藏	0.9229	0.927	0.9418	0.8735	0.872	0.9074
新疆	0.8944	0.9092	0.9634	0.9261	0.9435	0.9273

分析表6－2可知，社会生活、教育科技、经济发展、人才服务、人文文化这五个维度的环境因素对宁夏、云南、甘肃、青海、西藏、新疆这6个省份的创新人才聚集效应的影响程度也比较大。

四川、重庆、陕西的创新人才聚集效应受各影响因素的影响程度相对较低，处于［0.8，0.9］，见表6－3。

表6－3　五维度因素对四川、重庆、陕西的创新人才聚集效应的影响程度

地区	社会生活	教育科技	经济发展	人才服务	人文文化	总体关联度
四川	0.8196	0.7672	9466	0.7666	0.773	0.8146
重庆	0.8704	0.8342	0.822	0.8989	0.9543	0.8760
陕西	0.884	0.8091	0.9575	0.8194	0.8751	0.8690

分析表6－3可知，社会生活、教育科技、经济发展、人才服务、人文文化这五个维度的环境因素对四川、重庆、陕西3个省份的创新人才聚集效应总体的影响程度均超过了0.8。但是，特别是对四川而言，教育科技、人才服务、人文文化这三个维度的因素对该地区创新人才聚集效应的影响程度在0.75左右。其中，五维度因素与四川创新人才聚集效应的总体关联度为0.8146、五维度因素与重庆创新人才聚集效应的总体关联度为0.8760、五维度因素与陕西创新人才聚集效应的总体关联度为0.8690。这也从另一个侧面反映出，越是创新人才聚集效应水平高的地区，越能获得较好的规模效益，越能在一定程度上克服各类环境因素的不良影响。

当然，从社会生活、教育科技、经济发展、人才服务、人文文化五个方面，或根据竞争性需要，重点从若干方面全面规划，以实现特定区域内创新人才聚集效应的提升，需要区域内有必要的资源投入，这对经济社会发展相对落后的西部地区，可能是难以承受之重。

此时，建立与产业聚集融合的创新人才聚集特区，可能是西部地区比较现实的选择。从取得实实在在的成效来看，比较理性的选择是，以资源约束决定特定区域内创新人才聚集数量的多少或大小，而不是过度地追求过多、过大的创新人才聚集特区，以至于这些特区决定人才吸引力的因素没有必要的竞争性。

6.3.3 政策体系上使“内生性”和“外生性”处于相对均衡状态

应该说，这对西部地区创新人才聚集效应的提升工作提出了更高要求。西部地区各类资源都不宽裕，做好创新人才聚集效应提升工作的难度更大。

在东南沿海等经济社会发达地区，其对各类人才的吸纳能力都很强，各类人才乃至一般劳动者的短缺，几乎都可以借助于人才市场或劳动力市场得到化解。而在西部现阶段经济发展水平下，尤其是在本书着重分析的西部地区经济社会发展相对滞后的区域，和创新人才匹配的一般性人才，应该考虑主要通过内生性机制来满足。

对于西部经济社会发展相对滞后的区域来说，内生性的人才工作做好了，可以为外生性的人才工作提供更好的条件。这可以使西部地区创新人才聚集效应提升工作更有成效。正是由于西部经济社会发展相对滞后，有时必须把有限的资源用在“龙头型”创新人才的吸引上。

6.4　本章小结

管理理论工作者的基本社会特征是社会医生，他们应该在理论分析的基础上，分析不同层面的社会实践中存在的问题，并提出化解这些问题的对策。在这个意义上，本章是本书实际应用方面的总结性阐述。本章首先阐述了西部地区创新人才聚集效应提升的问题与对策分析在指向方面的定位。在此基础上，分析了西部地区经济社会发展相对滞后、创新人才聚集效应成效也相对滞后的区域，在创新人才聚集效应提升方面存在的主要问题，并相应地提出了原则性的化解对策。

第7章　结论与展望

7.1　研究结论

本书的研究可以得到以下结论。

（1）西部地区创新人才聚集效应，由规模效应、知识共享效应、集体学习效应、创新网络效应、地区品牌效应这五个子系统构成，这五个子系统之间有着非常紧密的相互关系。西部地区创新人才聚集效应由五个子系统构成，初步揭示了西部地区创新人才聚集效应的形成机理。

（2）西部地区创新人才聚集效应的形成诱因，可以划分为主体诱因和环境诱因。其中，主体诱因由西部地区的政府、企业、高校及科研机构、其他组织等构成；环境诱因由社会生活、教育科技、经济发展、人才服务、人文文化这五个方面因素耦合而成。

（3）纵向上看，西部地区创新人才聚集效应的五个子系统，可以划分为基础层、生成层、转化层和显现层。基础层是西部地区创新人才聚集效应产生的基点；西部地区创新人才聚集效应产生的内在机理和关键所在是生成层和转化层；西部地区创新人才聚集效应的最终表现形式体现为显现层。基础层、生成层、转化层和显现层的划分，揭示了西部地区创新人才聚集效应的形成路径。

（4）对西部地区创新人才聚集效应五个子系统理论做进一步拓展，可以建立以14个三级指标构成的西部地区创新人才聚集效应的评价指标体系。14个三级指标的提出须经过初试指标体系构建、指标体系的检验与完善。

(5) 运用相对偏差模糊矩阵法，可以构建创新人才聚集效应的相对偏差模糊矩阵评价模型。以西部地区创新人才聚集效应的评价指标体系为基础构建的模型，可以用于西部地区创新人才聚集效应成长状态的评估。

(6) 运用创新人才聚集效应的相对偏差模糊矩阵评价模型对西部地区各省份做相关评估，可以得到一些非常有价值的结论。例如：第一，2011～2015 年，在西部十省份中，重庆创新人才聚集效应的成长最为显著；第二，2011～2015 年，在西部十省份中，陕西创新人才聚集效应的成长最为缓慢；第三，2011～2015 年，在西部十省份中，四川在创新人才聚集效应方面一直保持着领先态势；等等。

(7) 以西部地区创新人才聚集提升压力相对较大区域的政府相关行为为分析对象，对于西部地区创新人才聚集效应提升在问题与对策方面可以得到一些重要结论。例如，我们可以看到，西部地区创新人才聚集效应提升相对滞后的区域，在创新人才聚集效应提升战略与策略的“派生性”、创新人才聚集效应提升的“竞争性”、创新人才聚集效应提升的“内生性”方面均有比较大的改善空间。在这些区域，要提高创新人才聚集的效应，必须有针对性的对策。

7.2 研究展望

本书的理论研究和实证分析为西部十省份创新人才聚集效应的评价指标体系的构建和提升提供了一个新的视角。在系统分析影响西部地区创新人才聚集的五大效应基础之上，构建出影响西部地区创新人才聚集效应的主要指标体系，在一定程度上可以丰富西部地区创新人才管理，特别是西部十省份创新人才聚集方面的相关研究。但是，西部地区创新人才聚集的实际问题极为复杂，而且由于研究视角、研究方法以及时间和精力的限制，本书还存在以下不足之处。

首先，结合当前学者研究的理论基础、关注视角和研究结论都呈现出多样化的实际，归纳出人才聚集效应主要包括八大子效应内容，分别为信息共享效应、知识溢出效应、创新效应、集体学习效应、激励效应、时间效应、区域效应及规模效应。结合专家访谈法，针对当前西部地区高层次创新人才聚集的实际，创新人才聚集效应更多地体现在以下五大效应：规模效应、知识共享效应、集体学习效应、创新网络效应及地区品牌效应。在综合分析影响主体因素、客体因素和环境因素的基础上，得出西部地区创新人才聚集效应的五大影响指标因素：社会生活因素、教育科技因素、经济发展因素、人才服务因素、人文文化因素。但是，西部十省份还有各自的特殊因素，或者是某一个因素对具体省份影响的程度不一，后期可以结合西部十省份个性的影响因素采取更为针对性的研究。

其次，研究西部十省份创新人才聚集效应的子系统共涉及五大部分，分别是规模效应、知识共享效应、集体学习效应、创新网络效应及地区品牌效应。结合薛晔、穆晓霞、牛冲槐、赵欣等国内学者先期较为成熟的研究成果，进一步设计五大维度的具体测度指标，形成西部地区高层次创新人才聚集效应的初始评价指标体系。通过对初始评价指标体系分别进行个体检验和整体检验，得出西部地区创新人才聚集效应的正式评价指标体系。但是，每个指标体系对各省份影响权重是不一样的，在计算的过程中数据的运算量比较大，后期可以针对各省份的实际情况设计出更符合实际的影响指标和权重值。

附录A　西部地区创新人才聚集效应的初始评价指标体系调查问卷

尊敬的先生/女士：

您好！我是河海大学商学院一名博士研究生，现进行博士论文的写作并需进行数据的统计和分析。此份调查问卷旨在了解西部地区创新人才聚集效应的评价指标，请您认真如实地填写本问卷的每一个问题，在合适的答案□内打√。本问卷采取不记名方式并由专人处理，回答的内容均保密，仅作学术研究之用。感谢您的合作与支持！

2017年3月

西部地区创新人才聚集效应的评价指标：请根据您真实的想法填答下列内容。

评价指标	重要性程度（极不重要——极为重要）				
1、高技术企业个数（A1－1）	1	2	3	4	5
2、科技机构R&D人员数（A1－2）	1	2	3	4	5
3、R&D人员全时当量（A1－3）	1	2	3	4	5
4、公开讲座/展览活动数目数（A2－1）	1	2	3	4	5
5、规模以上工业企业R&D项目数（A2－2）	1	2	3	4	5
6、规模以上工业企业新产品开发项目数（A2－3）	1	2	3	4	5
7、图书期刊报纸出版总印数（A2－4）	1	2	3	4	5
8、公共图书馆拥有量（A2－5）	1	2	3	4	5
9、人均拥有公共图书馆藏量（A2－6）	1	2	3	4	5
10、高校研究与试验发展机构数（A3－1）	1	2	3	4	5
11、国内外发表科技论文数（A3－2）	1	2	3	4	5

续表

评价指标	重要性程度（极不重要——极为重要）				
12、国外主要检索工具收录科技论文数（A3－3）	1	2	3	4	5
13、拥有高级职业技能证书人数（A3－4）	1	2	3	4	5
14、有效发明专利数（A4－1）	1	2	3	4	5
15、国家产业化计划项目数（A4－2）	1	2	3	4	5
16、高技术产业当年价总产值（A4－3）	1	2	3	4	5
17、人力资本投资占 GDP 比重（A4－4）	1	2	3	4	5
18、创新人才引进数量增长率（A5－1）	1	2	3	4	5
19、人均最终消费支出水平（A5－2）	1	2	3	4	5
20、人均地区生产总值（A5－3）	1	2	3	4	5
21、第三产业占 GDP 比重（A5－4）	1	2	3	4	5

您认为还有哪些指标（本书没有包含的）也能评价西部地区创新人才聚集效应：____

调查问卷到此结束，感谢您的配合与支持！

附录 B 西部地区创新人才聚集效应评价结果及主要影响因素的原始数据（2015 年）

表 B－1 宁夏创新人才聚集效应评价结果及主要影响因素的原始数据（2015 年）

省份	普查总人口（万人）（x1－1）	空气质量指数（万吨）（x1－2）	人均公园绿地面积（平方米/元）（x1－3）	每万人拥有公共交通车辆（标台）（x1－4）	养老保险、失业保险、医疗保险参保人数（万人）（x1－5）	社会治安、交通事故等损失（万元）（x1－6）	人均水资源量（立方米/人）（x1－7）	普通高等学校数（所）（x2－1）	普通高等学校专任教师数（万人）（x2－2）	教育普及程度（人）（x2－3）	科研设施的完备性（x2－4）
宁夏	668	1345668	10.57	12.62	3931.2	7910	3959.30	69	3.69	1819	0.8
	科研政策的创新性（x2－5）	城镇登记失业率（%）（x3－1）	全员劳动生产率（元/人）（x3－2）	人才管理政策的完备性（x4－1）	人才市场体系的健全性（x4－2）	人才市场服务的水平（x4－3）	人才的领导管理水平（x4－4）	集体认知水平（x5－1）	和谐水平（x5－2）	创造力水平（x5－3）	创新人才聚集效应评价结果（y）
	1	4.0	9.28	1.3	1.1	1	0.5	0.9	4.3	1.1	0.931

表 B－2　四川创新人才聚集效应评价结果及主要影响因素的原始数据（2015 年）

省份	普查总人口（万人）（x1－1）	空气质量指数（万吨）（x1－2）	人均公园绿地面积（平方米/元）（x1－3）	每万人拥有公共交通车辆（标台）（x1－4）	养老保险、失业保险、医疗保险参保人数（万人）（x1－5）	社会治安、交通事故等损失（万元）（x1－6）	人均水资源量（立方米/人）（x1－7）	普通高等学校数（所）（x2－1）	普通高等学校专任教师数（万人）（x2－2）	教育普及程度（人）（x2－3）	科研设施的完备性（x2－4）
四川	8204	1656036	11.96	13.52	8065.9	19158.3	2717.17	109	8.44	2312	2.8
	科研政策的创新性（x2－5）	城镇登记失业率（%）（x3－1）	全员劳动生产率（元/人）（x3－2）	人才管理政策的完备性（x4－1）	人才市场体系的健全性（x4－2）	人才市场服务的水平（x4－3）	人才的领导管理水平（x4－4）	集体认知水平（x5－1）	和谐水平（x5－2）	创造力水平（x5－3）	创新人才聚集效应评价结果（y）
	2.7	4.1	13.88	2.1	2.6	1.1	3.3	3.2	4.4	2.6	1

表 B－3　贵州创新人才聚集效应评价结果及主要影响因素的原始数据（2015 年）

省份	普查总人口（万人）（x1－1）	空气质量指数（万吨）（x1－2）	人均公园绿地面积（平方米/元）（x1－3）	每万人拥有公共交通车辆（标台）（x1－4）	养老保险、失业保险、医疗保险参保人数（万人）（x1－5）	社会治安、交通事故等损失（万元）（x1－6）	人均水资源量（立方米/人）（x1－7）	普通高等学校数（所）（x2－1）	普通高等学校专任教师数（万人）（x2－2）	教育普及程度（人）（x2－3）	科研设施的完备性（x2－4）
贵州	3530	1557690	12.94	11.27	2827.1	6344.2	3278.70	59	3.05	1819	0.7
	科研政策的创新性（x2－5）	城镇登记失业率（%）（x3－1）	全员劳动生产率（元/人）（x3－2）	人才管理政策的完备性（x4－1）	人才市场体系的健全性（x4－2）	人才市场服务的水平（x4－3）	人才的领导管理水平（x4－4）	集体认知水平（x5－1）	和谐水平（x5－2）	创造力水平（x5－3）	创新人才聚集效应评价结果（y）
	0.6	3.3	10.78	1.1	0.9	1.1	0.5	1.1	3.9	0.9	0.935

表 B－4 重庆创新人才聚集效应评价结果及主要影响因素的原始数据（2015 年）

省份	普查总人口（万人）（x1－1）	空气质量指数（万吨）（x1－2）	人均公园绿地面积（平方米/元）（x1－3）	每万人拥有公共交通车辆（标台）（x1－4）	养老保险、失业保险、医疗保险参保人数（万人）（x1－5）	社会治安、交通事故等损失（万元）（x1－6）	人均水资源量（立方米/人）（x1－7）	普通高等学校数（所）（x2－1）	普通高等学校专任教师数（万人）（x2－2）	教育普及程度（人）（x2－3）	科研设施的完备性（x2－4）
重庆	3017	1025597	16.99	11.03	5633.9	4421.7	1518.65	64	3.99	3071	2.2
	科研政策的创新性（x2－5）	城镇登记失业率（%）（x3－1）	全员劳动生产率（元/人）（x3－2）	人才管理政策的完备性（x4－1）	人才市场体系的健全性（x4－2）	人才市场服务的水平（x4－3）	人才的领导管理水平（x4－4）	集体认知水平（x5－1）	和谐水平（x5－2）	创造力水平（x5－3）	创新人才聚集效应评价结果（y）
	2.8	3.6	13.37	1.2	1.2	1.1	2.4	0.7	4.3	1.2	0.963

表 B－5 云南创新人才聚集效应评价结果及主要影响因素的原始数据（2015 年）

省份	普查总人口（万人）（x1－1）	空气质量指数（万吨）（x1－2）	人均公园绿地面积（平方米/元）（x1－3）	每万人拥有公共交通车辆（标台）（x1－4）	养老保险、失业保险、医疗保险参保人数（万人）（x1－5）	社会治安、交通事故等损失（万元）（x1－6）	人均水资源量（立方米/人）（x1－7）	普通高等学校数（所）（x2－1）	普通高等学校专任教师数（万人）（x2－2）	教育普及程度（人）（x2－3）	科研设施的完备性（x2－4）
云南	4742	955139.5	18.11	13.97	985.7	1290.7	138.41	18	0.80	2244	0.3
	科研政策的创新性（x2－5）	城镇登记失业率（%）（x3－1）	全员劳动生产率（元/人）（x3－2）	人才管理政策的完备性（x4－1）	人才市场体系的健全性（x4－2）	人才市场服务的水平（x4－3）	人才的领导管理水平（x4－4）	集体认知水平（x5－1）	和谐水平（x5－2）	创造力水平（x5－3）	创新人才聚集效应评价结果（y）
	0.4	4.0	13.40	0.3	0.2	1.1	0.1	0.2	4.4	0.2	0.919

表 B－6　陕西创新人才聚集效应评价结果及主要影响因素的原始数据（2015 年）

省份	普查总人口（万人）（x1－1）	空气质量指数（万吨）（x1－2）	人均公园绿地面积（平方米/元）（x1－3）	每万人拥有公共交通车辆（标台）（x1－4）	养老保险、失业保险、医疗保险参保人数（万人）（x1－5）	社会治安、交通事故等损失（万元）（x1－6）	人均水资源量（立方米/人）（x1－7）	普通高等学校数（所）（x2－1）	普通高等学校专任教师数（万人）（x2－2）	教育普及程度（人）（x2－3）	科研设施的完备性（x2－4）
陕西	3793	1966032	12.57	15.51	4017.8	19914.8	881.06	92	6.65	3628	2.2
	科研政策的创新性（x2－5）	城镇登记失业率（%）（x3－1）	全员劳动生产率（元/人）（x3－2）	人才管理政策的完备性（x4－1）	人才市场体系的健全性（x4－2）	人才市场服务的水平（x4－3）	人才的领导管理水平（x4－4）	集体认知水平（x5－1）	和谐水平（x5－2）	创造力水平（x5－3）	创新人才聚集效应评价结果（y）
	1.7	3.4	14.35	1.8	2.2	0.9	2.2	1.5	4.2	2.2	0.956

表 B－7　甘肃创新人才聚集效应评价结果及主要影响因素的原始数据（2015 年）

省份	普查总人口（万人）（x1－1）	空气质量指数（万吨）（x1－2）	人均公园绿地面积（平方米/元）（x1－3）	每万人拥有公共交通车辆（标台）（x1－4）	养老保险、失业保险、医疗保险参保人数（万人）（x1－5）	社会治安、交通事故等损失（万元）（x1－6）	人均水资源量（立方米/人）（x1－7）	普通高等学校数（所）（x2－1）	普通高等学校专任教师数（万人）（x2－2）	教育普及程度（人）（x2－3）	科研设施的完备性（x2－4）
甘肃	2600	1253333	12.23	9.00	2332	5621.1	635.03	45	2.61	2194	0.6
	科研政策的创新性（x2－5）	城镇登记失业率（%）（x3－1）	全员劳动生产率（元/人）（x3－2）	人才管理政策的完备性（x4－1）	人才市场体系的健全性（x4－2）	人才市场服务的水平（x4－3）	人才的领导管理水平（x4－4）	集体认知水平（x5－1）	和谐水平（x5－2）	创造力水平（x5－3）	创新人才聚集效应评价结果（y）
	0.5	2.1	6.79	0.9	0.8	0.8	0.4	1.1	4.2	0.8	0.927

表 B－8　　青海创新人才聚集效应评价结果及主要影响因素的原始数据（2015 年）

省份	普查总人口（万人）（x1－1）	空气质量指数（万吨）（x1－2）	人均公园绿地面积（平方米/元）（x1－3）	每万人拥有公共交通车辆（标台）（x1－4）	养老保险、失业保险、医疗保险参保人数（万人）（x1－5）	社会治安、交通事故等损失（万元）（x1－6）	人均水资源量（立方米/人）（x1－7）	普通高等学校数（所）（x2－1）	普通高等学校专任教师数（万人）（x2－2）	教育普及程度（人）（x2－3）	科研设施的完备性（x2－4）
青海	588	514641	10.48	13.25	548.9	2047.9	10057.60	12	0.41	1275	0.1
	科研政策的创新性（x2－5）	城镇登记失业率（%）（x3－1）	全员劳动生产率（元/人）（x3－2）	人才管理政策的完备性（x4－1）	人才市场体系的健全性（x4－2）	人才市场服务的水平（x4－3）	人才的领导管理水平（x4－4）	集体认知水平（x5－1）	和谐水平（x5－2）	创造力水平（x5－3）	创新人才聚集效应评价结果（y）
	0	3.2	14.25	0.2	0.1	1.1	0.1	0.3	4.3	0.1	0.92

表 B－9　　西藏创新人才聚集效应评价结果及主要影响因素的原始数据（2015 年）

省份	普查总人口（万人）（x1－1）	空气质量指数（万吨）（x1－2）	人均公园绿地面积（平方米/元）（x1－3）	每万人拥有公共交通车辆（标台）（x1－4）	养老保险、失业保险、医疗保险参保人数（万人）（x1－5）	社会治安、交通事故等损失（万元）（x1－6）	人均水资源量（立方米/人）（x1－7）	普通高等学校数（所）（x2－1）	普通高等学校专任教师数（万人）（x2－2）	教育普及程度（人）（x2－3）	科研设施的完备性（x2－4）
西藏	324	75185.39	11.65	9.05	227.5	913	120120.96	6	0.26	1766	0
	科研政策的创新性（x2－5）	城镇登记失业率（%）（x3－1）	全员劳动生产率（元/人）（x3－2）	人才管理政策的完备性（x4－1）	人才市场体系的健全性（x4－2）	人才市场服务的水平（x4－3）	人才的领导管理水平（x4－4）	集体认知水平（x5－1）	和谐水平（x5－2）	创造力水平（x5－3）	创新人才聚集效应评价结果（y）
	0	2.5	2.09	0.1	0.1	0.9	0	0.3	3.6	0.1	0.917

表 B－10　新疆创新人才聚集效应评价结果及主要影响因素的原始数据（2015 年）

省份	普查总人口（万人）（x1－1）	空气质量指数（万吨）（x1－2）	人均公园绿地面积（平方米/元）（x1－3）	每万人拥有公共交通车辆（标台）（x1－4）	养老保险、失业保险、医疗保险参保人数（万人）（x1－5）	社会治安、交通事故等损失（万元）（x1－6）	人均水资源量（立方米/人）（x1－7）	普通高等学校数（所）（x2－1）	普通高等学校专任教师数（万人）（x2－2）	教育普及程度（人）（x2－3）	科研设施的完备性（x2－4）
新疆	2360	2110752	11.50	16.08	2211.3	10849.7	3994.25	44	1.94	1759	0.4
	科研政策的创新性（x2－5）	城镇登记失业率（%）（x3－1）	全员劳动生产率（元/人）（x3－2）	人才管理政策的完备性（x4－1）	人才市场体系的健全性（x4－2）	人才市场服务的水平（x4－3）	人才的领导管理水平（x4－4）	集体认知水平（x5－1）	和谐水平（x5－2）	创造力水平（x5－3）	创新人才聚集效应评价结果（y）
	0.4	2.9	8.64	0.8	0.6	0.9	0.4	0.7	4	0.6	0.92

附录 C　西部地区创新人才聚集效应评价结果及主要影响因素的处理数据（2015 年）

表 C－1　宁夏创新人才聚集效应评价结果及主要影响因素的处理数据（2015 年）

省份	普查总人口（万人）（x1－1）	空气质量指数（万吨）（x1－2）	人均公园绿地面积（平方米/元）（x1－3）	每万人拥有公共交通车辆（标台）（x1－4）	养老保险、失业保险、医疗保险参保人数（万人）（x1－5）	社会治安、交通事故等损失（万元）（x1－6）	人均水资源量（立方米/人）（x1－7）	普通高等学校数（所）（x2－1）	普通高等学校专任教师数（万人）（x2－2）	教育普及程度（人）（x2－3）	科研设施的完备性（x2－4）
宁夏	668	1/1345668	10.57	12.62	3931.2	1/7910	3959.30	69	3.69	1819	0.8
	科研政策的创新性（x2－5）	城镇登记失业率（%）（x3－1）	全员劳动生产率（元/人）（x3－2）	人才管理政策的完备性（x4－1）	人才市场体系的健全性（x4－2）	人才市场服务的水平（x4－3）	人才的领导管理水平（x4－4）	集体认知水平（x5－1）	和谐水平（x5－2）	创造力水平（x5－3）	创新人才聚集效应评价结果（y）
	1	4.0	9.28	1.3	1.1	1	0.5	0.9	4.3	1.1	0.931

表 C－2　四川创新人才聚集效应评价结果及主要影响因素的处理数据（2015 年）

省份	普查总人口（万人）（x1－1）	空气质量指数（万吨）（x1－2）	人均公园绿地面积（平方米/元）（x1－3）	每万人拥有公共交通车辆（标台）（x1－4）	养老保险、失业保险、医疗保险参保人数（万人）（x1－5）	社会治安、交通事故等损失（万元）（x1－6）	人均水资源量（立方米/人）（x1－7）	普通高等学校数（所）（x2－1）	普通高等学校专任教师数（万人）（x2－2）	教育普及程度（人）（x2－3）	科研设施的完备性（x2－4）
四川	8204	1/1656036	11.96	13.52	8065.9	1/19158.3	2717.17	109	8.44	2312	2.8
	科研政策的创新性（x2－5）	城镇登记失业率（%）（x3－1）	全员劳动生产率（元/人）（x3－2）	人才管理政策的完备性（x4－1）	人才市场体系的健全性（x4－2）	人才市场服务的水平（x4－3）	人才的领导管理水平（x4－4）	集体认知水平（x5－1）	和谐水平（x5－2）	创造力水平（x5－3）	创新人才聚集效应评价结果（y）
	2.7	4.1	13.88	2.1	2.6	1.1	3.3	3.2	4.4	2.6	1

表 C－3　贵州创新人才聚集效应评价结果及主要影响因素的处理数据（2015 年）

省份	普查总人口（万人）（x1－1）	空气质量指数（万吨）（x1－2）	人均公园绿地面积（平方米/元）（x1－3）	每万人拥有公共交通车辆（标台）（x1－4）	养老保险、失业保险、医疗保险参保人数（万人）（x1－5）	社会治安、交通事故等损失（万元）（x1－6）	人均水资源量（立方米/人）（x1－7）	普通高等学校数（所）（x2－1）	普通高等学校专任教师数（万人）（x2－2）	教育普及程度（人）（x2－3）	科研设施的完备性（x2－4）
贵州	3530	1/1557690	12.94	11.27	2827.1	1/6344.2	3278.70	59	3.05	1819	0.7
	科研政策的创新性（x2－5）	城镇登记失业率（%）（x3－1）	全员劳动生产率（元/人）（x3－2）	人才管理政策的完备性（x4－1）	人才市场体系的健全性（x4－2）	人才市场服务的水平（x4－3）	人才的领导管理水平（x4－4）	集体认知水平（x5－1）	和谐水平（x5－2）	创造力水平（x5－3）	创新人才聚集效应评价结果（y）
	0.6	3.3	10.78	1.1	0.9	1.1	0.5	1.1	3.9	0.9	0.935

表 C－4　重庆创新人才聚集效应评价结果及主要影响因素的处理数据（2015 年）

省份	普查总人口（万人）（x1－1）	空气质量指数（万吨）（x1－2）	人均公园绿地面积（平方米/元）（x1－3）	每万人拥有公共交通车辆（标台）（x1－4）	养老保险、失业保险、医疗保险参保人数（万人）（x1－5）	社会治安、交通事故等损失（万元）（x1－6）	人均水资源量（立方米/人）（x1－7）	普通高等学校数（所）（x2－1）	普通高等学校专任教师数（万人）（x2－2）	教育普及程度（人）（x2－3）	科研设施的完备性（x2－4）
重庆	3017	1/1025597	16.99	11.03	5633.9	1/4421.7	1518.65	64	3.99	3071	2.2
	科研政策的创新性（x2－5）	城镇登记失业率（%）（x3－1）	全员劳动生产率（元/人）（x3－2）	人才管理政策的完备性（x4－1）	人才市场体系的健全性（x4－2）	人才市场服务的水平（x4－3）	人才的领导管理水平（x4－4）	集体认知水平（x5－1）	和谐水平（x5－2）	创造力水平（x5－3）	创新人才聚集效应评价结果（y）
	2.8	3.6	13.37	1.2	1.2	1.1	2.4	0.7	4.3	1.2	0.963

表 C－5　云南创新人才聚集效应评价结果及主要影响因素的处理数据（2015 年）

省份	普查总人口（万人）（x1－1）	空气质量指数（万吨）（x1－2）	人均公园绿地面积（平方米/元）（x1－3）	每万人拥有公共交通车辆（标台）（x1－4）	养老保险、失业保险、医疗保险参保人数（万人）（x1－5）	社会治安、交通事故等损失（万元）（x1－6）	人均水资源量（立方米/人）（x1－7）	普通高等学校数（所）（x2－1）	普通高等学校专任教师数（万人）（x2－2）	教育普及程度（人）（x2－3）	科研设施的完备性（x2－4）
云南	4742	1/955139.5	18.11	13.97	985.7	1/1290.7	138.41	18	0.80	2244	0.3
	科研政策的创新性（x2－5）	城镇登记失业率（%）（x3－1）	全员劳动生产率（元/人）（x3－2）	人才管理政策的完备性（x4－1）	人才市场体系的健全性（x4－2）	人才市场服务的水平（x4－3）	人才的领导管理水平（x4－4）	集体认知水平（x5－1）	和谐水平（x5－2）	创造力水平（x5－3）	创新人才聚集效应评价结果（y）
	0.4	4.0	13.40	0.3	0.2	1.1	0.1	0.2	4.4	0.2	0.919

表 C－6　**陕西创新人才聚集效应评价结果及主要影响因素的处理数据（2015 年）**

省份	普查总人口（万人）（x1－1）	空气质量指数（万吨）（x1－2）	人均公园绿地面积（平方米/元）（x1－3）	每万人拥有公共交通车辆（标台）（x1－4）	养老保险、失业保险、医疗保险参保人数（万人）（x1－5）	社会治安、交通事故等损失（万元）（x1－6）	人均水资源量（立方米/人）（x1－7）	普通高等学校数（所）（x2－1）	普通高等学校专任教师数（万人）（x2－2）	教育普及程度（人）（x2－3）	科研设施的完备性（x2－4）
陕西	3793	1/1966032	12. 57	15. 51	4017. 8	1/19914. 8	881. 06	92	6. 65	3628	2. 2
	科研政策的创新性（x2－5）	城镇登记失业率（%）（x3－1）	全员劳动生产率（元/人）（x3－2）	人才管理政策的完备性（x4－1）	人才市场体系的健全性（x4－2）	人才市场服务的水平（x4－3）	人才的领导管理水平（x4－4）	集体认知水平（x5－1）	和谐水平（x5－2）	创造力水平（x5－3）	创新人才聚集效应评价结果（y）
	1. 7	3. 4	14. 35	1. 8	2. 2	0. 9	2. 2	1. 5	4. 2	2. 2	0. 956

表 C－7　**甘肃创新人才聚集效应评价结果及主要影响因素的处理数据（2015 年）**

省份	普查总人口（万人）（x1－1）	空气质量指数（万吨）（x1－2）	人均公园绿地面积（平方米/元）（x1－3）	每万人拥有公共交通车辆（标台）（x1－4）	养老保险、失业保险、医疗保险参保人数（万人）（x1－5）	社会治安、交通事故等损失（万元）（x1－6）	人均水资源量（立方米/人）（x1－7）	普通高等学校数（所）（x2－1）	普通高等学校专任教师数（万人）（x2－2）	教育普及程度（人）（x2－3）	科研设施的完备性（x2－4）
甘肃	2600	1/1253333	12. 23	9. 00	2332	1/5621. 1	635. 03	45	2. 61	2194	0. 6
	科研政策的创新性（x2－5）	城镇登记失业率（%）（x3－1）	全员劳动生产率（元/人）（x3－2）	人才管理政策的完备性（x4－1）	人才市场体系的健全性（x4－2）	人才市场服务的水平（x4－3）	人才的领导管理水平（x4－4）	集体认知水平（x5－1）	和谐水平（x5－2）	创造力水平（x5－3）	创新人才聚集效应评价结果（y）
	0. 5	2. 1	6. 79	0. 9	0. 8	0. 8	0. 4	1. 1	4. 2	0. 8	0. 927

表 C－8　**青海创新人才聚集效应评价结果及主要影响因素的处理数据（2015 年）**

省份	普查总人口（万人）（x1－1）	空气质量指数（万吨）（x1－2）	人均公园绿地面积（平方米/元）（x1－3）	每万人拥有公共交通车辆（标台）（x1－4）	养老保险、失业保险、医疗保险参保人数（万人）（x1－5）	社会治安、交通事故等损失（万元）（x1－6）	人均水资源量（立方米/人）（x1－7）	普通高等学校数（所）（x2－1）	普通高等学校专任教师数（万人）（x2－2）	教育普及程度（人）（x2－3）	科研设施的完备性（x2－4）
青海	588	1/514641	10.48	13.25	548.9	1/2047.9	10057.60	12	0.41	1275	0.1
	科研政策的创新性（x2－5）	城镇登记失业率（%）（x3－1）	全员劳动生产率（元/人）（x3－2）	人才管理政策的完备性（x4－1）	人才市场体系的健全性（x4－2）	人才市场服务的水平（x4－3）	人才的领导管理水平（x4－4）	集体认知水平（x5－1）	和谐水平（x5－2）	创造力水平（x5－3）	创新人才聚集效应评价结果（y）
	0	3.2	14.25	0.2	0.1	1.1	0.1	0.3	4.3	0.1	0.92

表 C－9　**西藏创新人才聚集效应评价结果及主要影响因素的处理数据（2015 年）**

省份	普查总人口（万人）（x1－1）	空气质量指数（万吨）（x1－2）	人均公园绿地面积（平方米/元）（x1－3）	每万人拥有公共交通车辆（标台）（x1－4）	养老保险、失业保险、医疗保险参保人数（万人）（x1－5）	社会治安、交通事故等损失（万元）（x1－6）	人均水资源量（立方米/人）（x1－7）	普通高等学校数（所）（x2－1）	普通高等学校专任教师数（万人）（x2－2）	教育普及程度（人）（x2－3）	科研设施的完备性（x2－4）
西藏	324	1/75185.39	11.65	9.05	227.5	1/913	120120.96	6	0.26	1766	0
	科研政策的创新性（x2－5）	城镇登记失业率（%）（x3－1）	全员劳动生产率（元/人）（x3－2）	人才管理政策的完备性（x4－1）	人才市场体系的健全性（x4－2）	人才市场服务的水平（x4－3）	人才的领导管理水平（x4－4）	集体认知水平（x5－1）	和谐水平（x5－2）	创造力水平（x5－3）	创新人才聚集效应评价结果（y）
	0	2.5	2.09	0.1	0.1	0.9	0	0.3	3.6	0.1	0.917

表 C-10 新疆创新人才聚集效应评价结果及主要影响因素的处理数据（2015 年）

省份	普查总人口（万人）（x1-1）	空气质量指数（万吨）（x1-2）	人均公园绿地面积（平方米/元）（x1-3）	每万人拥有公共交通车辆（标台）（x1-4）	养老保险、失业保险、医疗保险参保人数（万人）（x1-5）	社会治安、交通事故等损失（万元）（x1-6）	人均水资源量（立方米/人）（x1-7）	普通高等学校数（所）（x2-1）	普通高等学校专任教师数（万人）（x2-2）	教育普及程度（人）（x2-3）	科研设施的完备性（x2-4）
新疆	2360	1/2110752	11.50	16.08	2211.3	1/10849.7	3994.25	44	1.94	1759	0.4
	科研政策的创新性（x2-5）	城镇登记失业率（%）（x3-1）	全员劳动生产率（元/人）（x3-2）	人才管理政策的完备性（x4-1）	人才市场体系的健全性（x4-2）	人才市场服务的水平（x4-3）	人才的领导管理水平（x4-4）	集体认知水平（x5-1）	和谐水平（x5-2）	创造力水平（x5-3）	创新人才聚集效应评价结果（y）
	0.4	2.9	8.64	0.8	0.6	0.9	0.4	0.7	4	0.6	0.92

附录 D 西部地区创新人才聚集效应评价结果及主要影响因素的归一化数据（2015 年）

表 D 西部地区创新人才聚集效应评价结果及主要影响因素的归一化数据（2015 年）

省份	普查总人口（万人）（x1 −1）	空气质量指数（万吨）（x1 −2）	人均公园绿地面积（平方米/元）（x1 −3）	每万人拥有公共交通车辆（标台）（x1 −4）	养老保险、失业保险、医疗保险参保人数（万人）（x1 −5）	社会治安、交通事故等损失（万元）（x1 −6）	人均水资源量（立方米/人）（x1 −7）	普通高等学校数（所）（x2 −1）	普通高等学校专任教师数（万人）（x2 −2）	教育普及程度（人）（x2 −3）	科研设施的完备性（x2 −4）
宁夏	0. 224	0. 184	0. 819	1. 007	1. 277	0. 390	0. 269	1. 332	1. 159	0. 831	0. 792
四川	2. 751	0. 149	0. 927	1. 079	2. 620	0. 161	0. 184	2. 104	2. 651	1. 056	2. 772
贵州	1. 184	0. 159	1. 003	0. 899	0. 918	0. 486	0. 223	1. 139	0. 958	0. 831	0. 693
重庆	1. 012	0. 241	1. 317	0. 880	1. 830	0. 698	0. 103	1. 236	1. 253	1. 403	2. 178
云南	1. 590	0. 259	1. 404	1. 115	0. 320	2. 390	0. 009	0. 347	0. 251	1. 025	0. 297
陕西	1. 272	0. 126	0. 974	1. 238	1. 305	0. 155	0. 060	1. 776	2. 089	1. 658	2. 178
甘肃	0. 872	0. 197	0. 948	0. 718	0. 758	0. 549	0. 043	0. 869	0. 820	1. 002	0. 594
青海	0. 197	5. 282	0. 812	1. 057	0. 178	1. 507	0. 683	0. 232	0. 129	0. 583	0. 099

续表

省份	普查总人口（万人）（x1－1）	空气质量指数（万吨）（x1－2）	人均公园绿地面积（平方米/元）（x1－3）	每万人拥有公共交通车辆（标台）（x1－4）	养老保险、失业保险、医疗保险参保人数（万人）（x1－5）	社会治安、交通事故等损失（万元）（x1－6）	人均水资源量（立方米/人）（x1－7）	普通高等学校数（所）（x2－1）	普通高等学校专任教师数（万人）（x2－2）	教育普及程度（人）（x2－3）	科研设施的完备性（x2－4）
西藏	0.109	3.287	0.903	0.722	0.074	3.379	8.155	0.116	0.082	0.807	0.000
新疆	0.791	0.117	0.891	1.283	0.718	0.284	0.271	0.849	0.609	0.804	0.396

省份	科研政策的创新性（x2－5）	城镇登记失业率（%）（x3－1）	全员劳动生产率（元/人）（x3－2）	人才管理政策的完备性（x4－1）	人才市场体系的健全性（x4－2）	人才市场服务的水平（x4－3）	人才的领导管理水平（x4－4）	集体认知水平（x5－1）	和谐水平（x5－2）	创造力水平（x5－3）	创新人才聚集效应评价结果（y）
宁夏	0.990	1.208	0.869	1.327	1.122	1.000	0.505	0.900	1.034	1.122	0.992
四川	2.673	1.239	1.299	2.143	2.653	1.100	3.333	3.200	1.058	2.653	1.065
贵州	0.594	0.997	1.009	1.122	0.918	1.100	0.505	1.100	0.938	0.918	0.996
重庆	2.772	1.088	1.252	1.224	1.224	1.100	2.424	0.700	1.034	1.224	1.026
云南	0.396	1.208	1.254	0.306	0.204	1.100	0.101	0.200	1.058	0.204	0.979
陕西	1.683	1.027	1.343	1.837	2.245	0.900	2.222	1.500	1.010	2.245	1.018
甘肃	0.495	0.634	0.636	0.918	0.816	0.800	0.404	1.100	1.010	0.816	0.987
青海	0.000	0.967	1.334	0.204	0.102	1.100	0.101	0.300	1.034	0.102	0.980
西藏	0.000	0.755	0.196	0.102	0.102	0.900	0.000	0.300	0.865	0.102	0.977
新疆	0.396	0.876	0.809	0.816	0.612	0.900	0.404	0.700	0.962	0.612	0.980

附录 E　西部地区 2011 ~ 2014 年创新人才聚集效应水平的原始数据

表 E－1　西部地区创新人才聚集效应的原始数据（2014 年）

省份	高技术企业个数（个）	科技机构 R&D 人员数（人）	R&D 人员全时当量（人年）	公开讲座/展览活动数（个）	规模以上工业企业 R&D 项目数（个）	规模以上工业企业新产品开发项目数（个）	高校研究与试验发展机构数（个）	国内外发表科技论文数（篇）	国外主要检索工具收录科技论文数（篇）	有效发明专利数（项）	国家产业化计划项目数（项）	高技术产业当年价总产值（亿元）	创新人才引进数量增长率（%）	人均最终消费支出水平（元）
宁夏（1）	148	26672	12980	43	2102	2123	63	1603	1944	2865	131	449.08	43.2	12235
四川（2）	911	325736	62145	198	11027	13374	107	6771	7887	15893	171	1290.02	38.7	13755
贵州（3）	193	66968	15659	96	1682	1802	55	2026	611	3146	97	362.84	44.6	11362
重庆（4）	460	88616	43797	151	7879	8580	67	3998	4076	6272	106	478.02	46.8	17262
云南（5）	24	6708	5799	78	1136	1049	18	542	152	675	46	183.67	43.4	15193
陕西（6）	435	198975	50753	114	6668	6684	92	5900	9358	6675	180	925.70	37	14812
甘肃（7）	117	27545	14380	103	1894	1817	43	3915	3006	1265	112	207.11	44	10678
青海（8）	36	5145	2068	49	156	130	12	510	114	246	50	89.79	37	13534
西藏（9）	9	1471	130	26	30	16	6	136	7	44	21	12.38	53.5	7205
新疆（10）	34	7076	6688	107	897	1025	44	2463	869	1111	174	297.97	40.8	12435

表 E－2　西部地区创新人才聚集效应的原始数据（2013 年）

省份	高技术企业个数（个）	科技机构 R&D 人员数（人）	R&D 人员全时当量（人年）	公开讲座/展览活动数（个）	规模以上工业企业 R&D 项目数（个）	规模以上工业企业新产品开发项目数（个）	高校研究与试验发展机构数（个）	国内外发表科技论文数（篇）	国外主要检索工具收录科技论文数（篇）	有效发明专利数（项）	国家产业化计划项目数（项）	高技术产业当年价总产值（亿元）	创新人才引进数量增长率（%）	人均最终消费支出水平（元）
宁夏（1）	136	25576	11811	43	1729	1903	63	1717	1579	2280	103	349. 35	42. 5	11224
四川（2）	841	278478	58148	197	10298	12681	103	6627	6495	9043	176	1152. 81	36. 2	12485
贵州（3）	149	67722	16049	94	1717	1908	52	1693	428	1985	88	423. 86	47. 1	9541
重庆（4）	383	79949	36605	152	5794	6820	67	2984	3566	4792	126	403. 65	46. 7	15423
云南（5）	19	6634	4817	78	1073	966	16	646	109	387	51	148. 18	43	13537
陕西（6）	402	195119	45809	114	6099	6491	92	6038	7416	5449	163	641. 57	36	13206
甘肃（7）	107	25740	12472	103	1731	1629	42	3827	2619	1028	111	179. 01	43. 3	9616
青海（8）	28	5197	2039	49	145	111	9	553	114	205	39	83. 61	36. 1	12070
西藏（9）	8	1282	81	26	20	8	6	133	3	32	17	10. 20	53. 7	6275
新疆（10）	28	6463	6668	106	1078	1103	41	3322	647	695	139	274. 17	40. 7	11401

表 E－3　西部地区创新人才聚集效应的原始数据（2012 年）

省份	高技术企业个数（个）	科技机构 R&D 人员数（人）	R&D 人员全时当量（人年）	公开讲座/展览活动数（个）	规模以上工业企业 R&D 项目数（个）	规模以上工业企业新产品开发项目数（个）	高校研究与试验发展机构数（个）	国内外发表科技论文数（篇）	国外主要检索工具收录科技论文数（篇）	有效发明专利数（项）	国家产业化计划项目数（项）	高技术产业当年价总产值（亿元）	创新人才引进数量增长率（%）	人均最终消费支出水平（元）
宁夏（1）	123	25135	12321	43	1665	1512	60	1596	1344	1644	114	297. 85	41. 1	9782
四川（2）	813	275301	50533	188	9868	11656	99	5960	5517	6591	231	1010. 29	34. 5	11280

续表

省份	高技术企业个数（个）	科技机构 R&D 人员数（人）	R&D 人员全时当量（人年）	公开讲座/展览活动数（个）	规模以上工业企业 R&D 项目数（个）	规模以上工业企业新产品开发项目数（个）	高校研究与试验发展机构数（个）	国内外发表科技论文数（篇）	国外主要检索工具收录科技论文数（篇）	有效发明专利数（项）	国家产业化计划项目数（项）	高技术产业当年价总产值（亿元）	创新人才引进数量增长率（%）	人均最终消费支出水平（元）
贵州（3）	135	62022	12135	93	1649	1978	49	1649	405	1370	75	249.16	47.9	8372
重庆（4）	315	70055	31577	152	5113	5693	66	3681	2688	3714	118	373.68	39.4	13655
云南（5）	19	6200	4196	26	1170	1131	16	323	81	300	63	115.05	42	12120
陕西（6）	379	182958	36728	112	5164	6052	91	5733	6584	4752	186	527.01	34.7	11852
甘肃（7）	87	26557	11445	103	1912	1759	42	4158	2440	855	124	143.34	40.2	8524
青海（8）	27	4385	2020	49	147	103	9	597	77	170	42	44.82	33	10289
西藏（9）	6	1076	78	77	24	11	6	173	3	71	13	9.12	53.9	5340
新疆（10）	25	6458	6202	105	933	826	39	3142	509	468	100	199.98	36.0	10675

表 E－4　西部地区创新人才聚集效应的原始数据（2011 年）

省份	高技术企业个数（个）	科技机构 R&D 人员数（人）	R&D 人员全时当量（人年）	公开讲座/展览活动数（个）	规模以上工业企业 R&D 项目数（个）	规模以上工业企业新产品开发项目数（个）	高校研究与试验发展机构数（个）	国内外发表科技论文数（篇）	国外主要检索工具收录科技论文数（篇）	有效发明专利数（项）	国家产业化计划项目数（项）	高技术产业当年价总产值（亿元）	创新人才引进数量增长率（%）	人均最终消费支出水平（元）
宁夏（1）	104	12432	10335	43	1514	1485	64	1432	1354	1208	83	236.21	36.2	8278
四川（2）	727	187625	36839	169	6712	10035	93	5444	4843	5618	219	917.17	33.4	9903
贵州（3）	119	55830	9564	94	1345	1749	48	1623	306	990	70	223.34	48.8	7389

续表

省份	高技术企业个数（个）	科技机构R&D人员数（人）	R&D人员全时当量（人年）	公开讲座/展览活动数（个）	规模以上工业企业R&D项目数（个）	规模以上工业企业新产品开发项目数（个）	高校研究与试验发展机构数（个）	国内外发表科技论文数（篇）	国外主要检索工具收录科技论文数（篇）	有效发明专利数（项）	国家产业化计划项目数（项）	高技术产业当年价总产值（亿元）	创新人才引进数量增长率（%）	人均最终消费支出水平（元）
重庆（4）	252	39511	27652	152	4524	4612	59	3399	2408	2532	116	329.19	41.6	11832
云南（5）	14	4640	3967	27	853	887	16	300	55	221	48	99.99	41	10937
陕西（6）	325	165168	30829	112	4210	5035	90	5295	5690	2464	155	440.78	34.8	10053
甘肃（7）	59	18018	9307	100	1280	1192	42	4084	2192	493	145	111.26	39.1	7493
青海（8）	26	2708	1833	49	131	94	9	566	90	87	28	34.57	32.3	8744
西藏（9）	5	998	22	4	16	7	6	315	6	58	14	4.34	53.2	4730
新疆（10）	23	2464	6723	103	757	731	37	2648	373	325	117	162.49	34.0	8895

参考文献

[1] 阿瑟·刘易斯. 二元经济论 [M]. 北京：北京经济学院出版社，1989.

[2] 安虎森. 空间接近与不确定性的降低：经济活动聚集与分散的一种解释 [J]. 南开经济研究，2001 (3)：49 –51.

[3] 包玉香，王宏艳，李玉江. 人力资本空间集聚对区域经济增长的效应分析——以山东省为例 [J]. 人口与经济，2010 (3)：28 –33.

[4] 蔡昉. 人口迁移和流动的成因、趋势与政策 [J]. 中国人口科学，1995 (6)：8 –16.

[5] 钞秋玲，王梦晨. 英国创新人才培养体系探究及启示 [J]. 西安交通大学学报（社会科学版），2015，35 (2)：119 –123.

[6] 陈春华，肖智星. 人才流动的微观动因分析 [J]. 科技进步与对策，2000，17 (6)：104 –105.

[7] 陈红平，王加林. 西部职业教育有效发展的人才聚集策略：以云南省为例 [J]. 成人教育，2009 (9)：49 –50.

[8] 程桢. 人才聚集环境效应与中西部地区人才聚集环境的优化 [J]. 管理现代化，2006 (3)：46 –48.

[9] 崔杰，党耀国，刘思峰. 基于灰色关联度求解指标权重的改进方法 [J]. 中国管理科学，2018，16 (5)：141 –145.

[10] 崔胤东. 三角测量法与三角测量思维 [J]. 经济师，2008 (8)：28 –29.

[11] 邓川. 内江市农村劳动力转移研究 [M]. 成都：四川农业大学，2012.

［12］ 邓聚龙．灰色系统理论教程［M］．北京：华中理工大学出版社，1990.

［13］ 丁刚，罗暖．我国省域科技创新人才队伍建设的现状评价与空间聚集效应研究：基于 GPCA 模型和 ESDA 方法［J］．武汉理工大学学报（社会科学版），2012，25（4）：519－525.

［14］ 樊士德，沈坤荣，朱克朋．中国制造业劳动力转移刚性与产业区际转移——基于核心—边缘模型拓展的数值模拟和经验研究［J］．中国工业经济，2015（11）：94－108.

［15］ 方阳春，王美洁，贾丹．浙江省制造业企业创新人才竞争力及其对创新绩效的影响［J］．科研管理，2016（37）：558－559.

［16］ 龚新蜀，金亚珍．基于灰色关联理论的产业结构与经济协同发展的实证分析［J］．统计与决策，2018（2）：123－126.

［17］ 关勋强，李瑞兴．医学研究生教育评价研究与实践［M］．北京：军事医学科学出版社，2000.

［18］ 哈里斯·托达罗．迁移、失业和发展：两部门分析［J］．美国经济评论，1960（3）：23－26.

［19］ 赫尔曼·哈肯．高等协同学［M］．郭治安译．北京：北京科学出版社，1989.

［20］ 洪开荣．空间经济学的理论发展［J］．经济地理，2002，22（1）：2－5.

［21］ 柯健，李超．基于 DEA 聚类分析的中国各地区资源、环境与经济协调发展研究［J］．中国软科学，2005（2）：144－148.

［22］ 库克．生命的曲线［M］．周秋麟，陈品健译．北京：中国发展出版社，2009.

［23］ 李强．影响中国城市流动人口的推力与拉力因素分析［J］．中国社会科学，2003（1）：125－136.

［24］ 李天健，侯景新．中国人力资本的空间集聚与分布差异［J］．世界经济文汇，2015（3）：104－117.

［25］ 李先琨．农业自然灾害系统灰色分析方法的探讨［J］．广西科

学，1995，2（2）：51－55.

［26］李又兵，孙文瑾，杨朝龙等．浅谈高校创新人才培养模式改革［J］．教育教学论坛，2015（21）：202－203.

［27］李玉江，徐光平．人力资本空间集聚对产业集群发展的影响［J］．山东师范大学学报（人文社会科学版），2008，53（3）：91－96.

［28］梁琦．产业集聚的市场因素考察［J］．江苏行政学院学报，2000（5）：51－57.

［29］梁文泉，陆铭．城市人力资本的分化：探索不同技能劳动者的互补和空间集聚［J］．经济社会体制比较，2015（3）：185－197.

［30］廖正宏．人口迁移［M］．台北：三民书局，1985.

［31］刘春阳，杨培峰．中外收缩城市动因机制及表现特征比较研究［J］．现代城市研究，2017（3）：64－71.

［32］刘海林，姚树印．医学科研管理学［M］．北京：人民卫生出版社，1991

［33］刘嵘．Ridit 分析的 SPSS 实现［J］．中国卫生统计，2004，21（4）：236－237.

［34］刘思峰．灰色系统理论及其应用［M］．北京：科学出版社，1999.

［35］龙跃．基于生态位调节的战略性新兴产业集群协同演化研究［J］．科技进步与对策，2018，35（3）：52－59.

［36］吕洪良．蒂伯特模型：经济内涵与政治外延［J］．学理论，2012（29）：119－121.

［37］牛冲槐，接民，张敏等．人才聚集效应及其评判［J］．中国软科学，2006（4）：118－123.

［38］牛冲槐，唐朝永，芮雪琴．科技型人才聚集环境及聚集效应分析：经济环境对科技型人才聚集效应的影响分析［J］．太原理工大学学报（社会科学版），2007，25（4）：1－5.

［39］牛冲槐，张敏，张洪潮等．人才聚集效应研究［J］．山西高等学校社会科学学报，2006，18（2）：16－18.

［40］牛冲槐，赵彩艳，王聪．科技型人才聚集下信息共享效应与知识溢出效应关系研究［J］．科技进步与对策，2009，26（19）：142－146.

［41］牛凯龙，陈小宁等．Delphi 法在构建公共场所卫生监督量化分级执行力评估量表中的应用［J］．环境与健康杂志，2010，27（8）：726－727.

［42］石绍华，张梅玲．问卷编制的几个问题［J］．心理科学进展，2000，18（4）：70－77.

［43］舒尔茨．论人力资本投资［M］．蒋兵，张蘅译．北京：北京经济学院出版社，1990.

［44］苏银法．Ridit 检验的简化计算［J］．中国临床药理学与治疗学，2001，6（4）：293－294.

［45］孙健，孙启文，孙嘉琦．中国不同地区人才集聚模式研究［J］．人口与经济，2007（3）：15－20.

［46］孙健，尤雯．人才集聚与产业集聚的互动关系研究［J］．管理世界，2008（3）：177－178.

［47］孙振良，宋绍成．突发事件舆情新兴生态链系统的协同演化机理研究［J］．情报科学，2017，35（5）：30－33.

［48］谭学瑞，邓聚龙．灰色关联分析：多因素统计分析新方法［J］．统计研究，1995，12（3）：46－48.

［49］王明杰，郑一山．西方人力资本理论研究综述［J］．中国行政管理，2006（8）：92－95.

［50］王天霞．探析“推力—拉力”理论视角下的重庆区域人口流迁与人口再分布［J］．中国市场，2014（51）：95－96.

［51］王通讯．人才资源为什么是第一资源［J］．中国人才，2004（6）：16－19.

［52］王维志．中国七十四市镇迁移人口年龄构成的初步分析［J］．人口与经济，1988（3）：11－16.

［53］王燕．区域科技型人才聚集下的知识溢出效应研究［D］．青岛：山东科技大学，2010.

［54］王重鸣，陈民科．管理胜任力特征分析：结构方程模型检验［J］．心理科学，2002，25（2）：513－516.

［55］威廉·配第．政治算术［M］．马妍译．北京：中国社会科学出版社，2010.

［56］魏后凯．现代区域经济学［M］．北京：经济管理出版社，2011.

［57］吴秋明，李必强．集成与系统的辩证关系［J］．系统科学学报，2003，11（3）：24－28.

［58］吴彤．自组织方法论研究［M］．北京：清华大学出版社，2001.

［59］徐胜，杨学龙．创新驱动与海洋产业集聚的协同发展研究——基于中国沿海省份的灰色关联分析［J］．华东经济管理，2018（2）：41－46.

［60］许经勇．刘易斯二元经济结构理论与我国现实［J］．吉首大学学报（社会科学版），2012，33（1）：105－108.

［61］颜士梅．内容分析方法及在人力资源管理研究中的运用［J］．软科学，2008，22（9）：133－139.

［62］杨晨，阮静娴．区域知识产权政策协同及协同运行机制研究［J］．科技管理研究，2017，37（6）：177－183.

［63］杨菊萍，贾生华．企业迁移的动因识别：基于内容分析法的研究［J］．地理科学，2011，31（1）：15－21.

［64］叶金松，吴存凤．库克曲线与中国人力资源管理［J］．经济与管理，2007，21（1）：56－58.

［65］俞路，张善余．基于空间统计的人口迁移流分析——以我国三大都市圈为例［J］．华东师范大学学报（哲学社会科学版），2005，37（5）：25－31.

［66］俞路，张善余．我国三大都市圈人口迁移态势与影响因素分析［J］．南方人口，2005，20（3）：17－23.

［67］袁莉．聚集效应与西部竞争优势的培育［M］．北京：经济管理出版社，2002.

［68］曾健，张一方．社会协同学［M］．北京：科学出版社，2000.

［69］湛垦华，孟宪俊，张强．涨落与系统自组织［J］．中国社会科学，1989（4）：173－184.

［70］张弘，赵曙明．人才流动探析［J］．中国人才资源开发，2000（8）：4－6.

［71］张娜，闫书丽．基于群体共识度和专家满意度的交互式灰色局势群决策模型［J］．统计与决策，2008（1）：24－27.

［72］张守花．人才信用评估指标体系研究［D］．北京：北京工业大学，2005.

［73］张同全，王乐杰．我国制造业基地人才聚集效应评价：基于三大制造业基地的比较分析［J］．中国软科学，2009（11）：64－71.

［74］张新祥，胡丽君．商业模式动态演化机制：基于互联网业的多案例内容分析［J］．科研管理，2018，39（3）：110－121.

［75］赵淑渊．山西省科技型人才聚集效应与区域核心竞争力关系研究［D］．太原：太原理工大学，2013.

［76］赵伟，藤田昌久．空间经济学［M］．杭州：浙江大学出版社，2013.

［77］赵永乐，张书凤．以台湾人才水平为借鉴的福建人才发展研究［J］．第一资源，2011（3）：122－132.

［78］赵永乐．服务发展的新要求——从人才特区看人才引领发展［J］．第一资源，2010（12）：36－41.

［79］赵永乐．激发市场主体活力 创新人才体制机制［J］．第一资源，2012（12）：176－177.

［80］赵永乐．坚持人才优先发展 强力推动科学发展［J］．第一资源，2012（2）：111－115.

［81］赵永乐．美国的人才强国之路与中国的人才强国战略［J］．第一资源，2009（7）：170－182.

［82］郑孟七．干部流动的科学性与制度创新［J］．经济研究导刊，2010（32）：269－271.

[83] 中松义郎. 人际关系方程式 [M]. 桂林：漓江出版社，1990.

[84] 钟卫东，孙大海. 基于在孵企业观点的孵化服务重要性评估研究 [J]. 科技管理研究，2006 (3)：61 -65.

[85] 周吉节. 2000 -2005 年我国省际人口迁移的分布状况和经济动因研究 [D]. 上海：复旦大学，2009.

[86] 朱惠斌. 日本产业集群规划的特征及启示 [J]. 世界地理研究，2014，23 (1)：93 -102.

[87] 朱英明. 产业集聚研究述评 [J]. 经济评论，2003 (3)：117 -121.

[88] Bailey R L. Disciplined creativity for engineers [M]. Ann Arbor, MI. Ann Arbor Science. 1979.

[89] Barrettd J L, Ckarke P L. A framework for event - based sofrware integration [J]. ACM Transactions on SOFTWARE Engineering and Methodology, 1996 (4): 76 -81.

[90] Becker G S, Murhpy K M, Tamura R F. Human capital, fertility and economic growth [J]. Journal of Political Economy, 1990, 98 (5): 512 -537.

[91] Becker G S. Human capital [M]. Chicago: The University of Chicago Press, 1975.

[92] Behrman J R. Human capital formation, returns and policied: analytical approached and research questions [J]. Journal of International Development, 1996, 8 (3): 341 -373.

[93] Bergin A, Krarney I. Human capital accumulation in an open labour market: Ireland in the 1990s [J]. Economic Modelling, 2007, 24 (6): 839 -858.

[94] Carr S C, Inkson K, Thom K. From globan careers to talent flow: reinterpreting "Brain Drain" [D]. Journal of World Business, 2005, 40 (4): 386 -398.

[95] Chi-Cheng Chang, Jiun-Hao Wang. Curnilinear effects of openness

and agreeableness on the imaginative capability of student designers [J]. Thinking Skills and Creativity, 2014, 14: 68 -75.

[96] Fisher I. The nature of capital and income [M]. Tallahassee: The MacMillan Company, 1906.

[97] Galbraith J K. The affluent society [J]. Journal of Political Economy, 1971, 41 (1): 144 -186.

[98] Gilson L L. Diversity, dissimilarity and creativity: does group composition or being different enhance or hinder creative performance [M]. Washington, DC: Academy of Management Meeting, 2001.

[99] Haken H. Information and self-organization: a macroscopic approach to complex system [M]. Berlin: Springer-Verlag, 1988.

[100] Haken H. Synergetics: an introduction [M]. Berlin: Springer, 1977.

[101] Hicks J R. The theory of wages [M]. London: Macmillan, 1932.

[102] Holsti O R. Content analysis for the social sciences and humanities [M]. Don Mills: Addison Wesley Publishing Compant, 1969.

[103] James B, Quinn P A. Managing professional intellect: making the most of the best [J]. Harvard Business Review, 1996 (2): 71 -80.

[104] Katz A J, Welbourne T M. Managing people in entrepreneurial organizations: learning from the merger of entrepreneurship and human resource management [M]. JAI, 2002.

[105] Koestler A. The act of creation [M]. New York: Dell, 1964.

[106] Lee J W, Francisco R. Human capital accumulation in emerging Asia, 1970 - 2030 [J]. Japan and the World Economy, 2012, 24 (2): 76 -86.

[107] Lehman H C. Age and achievement [M]. FT Press, 1953.

[108] Levin S, Stephan P. Research productivity over the life cycle: evidence for academic scientists [J]. American Economic Review, 1991 (81): 114 -132.

[109] Lewim A. A dynamic theory of personality [M]. New York: McGrew-Hill Book Company, 1935.

[110] Lowery I S. Migration and metro politan growth: two analytical models [M]. San Francisco: Chandler Publishing Company, 1966.

[111] Lucas R E. On the mechanics of economic development [J]. Journal of Monetary, 1988 (22): 3 -42.

[112] Ma L, Yue F. Industrial clusters talents agglomeration effects on high-tech enterprises'innovations [C]. E - Product E - Service and E - Entertainment (ICEEE), 2010.

[113] Ma L, Yue F. Industrial clusters'talents agglomeration effects on high-tech enterprises'innovations [C]. E - Product E - Service and E - Entertainment, 2010.

[114] Mincer J. Human capital responses to technological change [J]. NBER Working Paper, 1989.

[115] Montgomery D, Kay S. Characteristics of the creative person: perceptions of university teachers in relation to the professional literature [J]. The American Behavioral Scientist, 1993, 37 (1): 68 -78.

[116] Ormerod R J. Is content analysis either practical or desirable for research evaluation? [J]. Omega, 2000, 28 (2): 241 -245.

[117] Romer P M. Endogenous technological change [J]. Journal of Political Economy, 1990, 98 (5): 71 -102.

[118] Romer P M. Increasing returns and long-run growth [J]. Journal of Political Economy, 1986, 94 (5): 1002 -1037.

[119] Rotemberg J J, Saloner G. Competition and human capital accumulation: a theory of interregional specialization and trade [J]. Regional Science and Urban Economics, 2000, 30 (4): 373 -404.

[120] Rourke L T A. Validity in quantitative content analysis [J]. Educational Technology Research and Development, 2004, 52 (1): 5 -16.

[121] Schultz T W. Investment in human capital [J]. American Econom-

ic Review, 1961, 51 (1): 1 -17.

[122] Schultz T W. The value of the ability to deal with disequilibrium [J]. Journal of Economic Literature, 1975, 13 (3): 827 -846.

[123] Stephan P E, Levin S G. Age and the Nobel Prize revisited [J]. Scientometrics, 1993, 28 (3): 387 -399.

[124] Tartakoff H. The normal personality in our culture and the Nobel Prize complex [J]. RM Lowenstein, LM Newman, and AJ Solnit, Psychoanalysis: A General Psychology, 1966, 2 (3): 222 -252.

[125] Thome A, Gough H. Portraits of type [M]. Palo Alto, CA: Consulting Psychologists Press. 1991.

[126] Tiebout C M. A pure theory of local expenditures [J]. Journal of Political Economy, 1956, 64 (5): 416 -424.

[127] Uzawza H. Optimum technical change in an aggregative model of exonomic growth [J]. International Economic Review, 1965, 6 (1): 18 -31.

[128] Zeshuang Liu, Fuqiang Yan, Jing Li. Based on similar distance vector algor ithm immune genetic characteristics of the creative talents of genetic selection [R]. Second International Conference on Education Technology and Training, 2009: 274 -276.